技術士第二次試験

「総合技術監理部門」

択一式問題150選
＆論文試験対策

福田 遵 編著

第2版

日刊工業新聞社

は　じ　め　に

　2017年2月に『技術士制度における総合技術監理部門の技術体系（第2版）』（通称：青本）の頒布が終了となり、代わって2018年末に『総合技術監理キーワード集（以下、「キーワード集」という）2019』が公表されました。その後、「キーワード集」は毎年改訂されて公表されています。それに合わせて択一式問題として出題される内容に変化が生じています。そういった状況を考慮し、著者は、『技術士第二次試験「総合技術監理部門」標準テキスト　第2版』（以下、「総監テキスト」という）を「キーワード集」の項目構成に合わせた目次構成に改版して2021年1月に出版しました。

　一方、「総監テキスト」の初版を出版して以降、総合技術監理部門を受験している何人かの技術士から、解答解説本も出版してもらいたいという要望を、(公社)日本技術士会で開催されている例会などで個人的に請けました。そういった要望を話してくれた方々は、総合技術監理部門以外の技術部門を受験した際に、著者が出版した『技術士第二次試験「○○部門」択一式問題150選』を活用していた事実がわかりました。これらの書籍は、一般技術部門で択一式問題が出題されていた時期に、建設部門、機械部門、電気電子部門の3部門を対象に出版していた書籍でした。これらの書籍の特徴は、各技術部門で出題された択一式問題を年度別に解答解説するのではなく、項目別に整理しなおして、同じ項目の内容の問題を連続的に解答解説している点でした。こういった作業は非常に煩雑ですので、著者には大きな負担がかかるのですが、機械部門は大原良友氏、建設部門は羽原啓司氏の協力を得て、問題を整理して出版していました。これらの書籍を利用して各技術部門に合格した受験者は、総合技術監理部門でも同様の形式の書籍で勉強したいという要望を持っておられたわけです。

　著者は、受験勉強の基本は、テキストと問題集の併用であると昔から考えていましたので、2019年1月に本著の初版を出版しました。幸いにも、本著は多くの受験者に活用していただき、このたび第2版を出版することになりました。当然ながら、本著も最新の「キーワード集」の項目立てに合わせて構成を組みなおしております。「キーワード集」の項目立てに合わせた結果、毎年出題されている項目については、類似問題を何度も読む結果になるのを避けるために、

i

過去に出題された年度を示すことで、掲載する問題を最近の数問題に絞り込んでいます。逆に、出題頻度が少ない項目については、数年前の問題でも残すようにしていますので、最少の問題数で広い項目を勉強できるようになっています。特に出題頻度の多い項目については、内容が整理されている「総監テキスト」でより詳細に勉強されると、一層自信がつくと考えます。

　総合技術監理部門は、択一式問題と記述式問題の合計点で合否が決定されます。ですから、できるだけ択一式問題で多くの点を取っておくと、記述式問題が精神的に楽になりますので、その点を認識して試験に臨んでください。ただし、技術士第二次試験は、基本的に、記述式問題の内容で合否が左右される試験であるという点が、技術士試験では長く継承されてきています。しかも、総合技術監理部門の記述式問題は問題文も長く、自分で記述する業務内容の設定を考えなければならないという特徴（難点）を持っています。この点を完全に認識できていないと、いくら択一式問題ができても合格できないのは明白です。そのため、総合技術監理部門の記述式問題の特徴をつかんでもらえるような解説を最終章に整理しましたので、合わせて参考にしていただければと考えます。

　なお、これまでに出題された択一式問題の中には、「キーワード集」に出ていない事項もありますし、試験が終わった後の改訂で「キーワード集」に追加されたキーワードもあります。そういった傾向は、今後も続くと考えますので、総合技術監理部門の択一式問題が必須解答式であるという点も認識し、柔軟に問題に対応できるような知識を身につけてもらいたいと思います。

　また、総合技術監理部門で扱っている内容は広範囲にわたるため、「キーワード集」に示されている内容に関する資料を受験者が探して読むのは難しいのが現実です。そういった状況を考慮し、関係する資料のポイントを解説文で示しています。また、法律を扱った問題については条文を掲載し、そこでポイントとなる部分にアンダーラインを引いて、要点が理解しやすいように配慮してあります。そのため、解説が長くなっている問題もありますが、その点をご理解のうえ、繰り返し読んでもらえればと考えます。

　最後になりましたが、本著を出版するにあたり、多大なご助力を賜りました、日刊工業新聞社編集局の鈴木徹氏に深く感謝申し上げます。

　2022年1月

福　田　　遵

目　次

第1章

経済性管理

　この章では、過去に択一式問題として出題された項目を、総合技術監理キーワード集の経済性管理に示された項目の順番に合わせて示します。経済性管理では、これまで事業企画、品質の管理、工程管理、現場の管理と改善、原価管理、財務会計、設備管理、計画・管理の数理的手法の問題が出題されています。

1．事 業 企 画

（1）事業投資計画

□　政府や自治体等の政策評価や企業等の投資評価に関する次の記述のうち、最も適切なものはどれか。　　　　　　　　　　　　　　　（R3－1）

①　費用便益分析は、政策等の外部経済及び外部不経済を対象として定量的に評価する手法の総称である。

②　費用効用分析では、政策等による効果はすべて効用関数によって貨幣価値に換算される。

③　アウトカム指標は、アウトプット指標を貨幣価値に換算したものである。

④　2つの投資案があるとき、それらの内部収益率の大小関係と正味現在価値の大小関係は常に一致する。

⑤　回収期間法による投資案の評価では、投資回収後のキャッシュ・フローは考慮されない。

【解答】　⑤

【解説】①費用便益分析は、公共政策の効果を貨幣額で表示し、それを投入した費用と比較して評価する分析手法であり、直接的効果（内部経済効果）を対象としているので、不適切な記述である。

②効用とは、満足の度合いを数量的に表したもので、効用関数は効用を数値に置き換える数学モデルであるが、すべて貨幣価値に換算されるわけではないので、不適切な記述である。

③アウトプット指標は、直接発生した成果物を表す指標であるが、アウトカム指標は、成果物によってどれだけ成果が上がったかを示す

指標であるため、対象によって、貨幣価値だけではなく効率などの
指標でも表すので、不適切な記述である。

④投資案件の投資額と将来受け取る金額によって、内部収益率と正味
現在価値の大小関係は変わってくるので、不適切な記述である。

⑤回収期間法は、毎年の正味現金流入額によって、投資額が何年で回
収できるかを計算する手法であるので、投資回収後のキャッシュ・
フローは考慮されない。よって、適切な記述である。

□　5つの投資先A～Eの中から1つを選択して投資することを考える。
各投資先の、ある金額を投資した場合に投資後4年間にわたって見込ま
れる利益が下表のとおりであるとき、4年間に見込まれる利益の現在価
値の合計が最も高い投資先はどれか。ただし、割引率（年利率）は3%
とし、利益はいずれも年末に得られるものとする。　　　　（R2－2）

（単位：百万円）

投資先	1年後	2年後	3年後	4年後
A	180	0	210	100
B	0	180	210	100
C	80	100	100	210
D	0	200	80	210
E	150	130	0	210

①　投資先A　　②　投資先B　　③　投資先C

④　投資先D　　⑤　投資先E

【解答】　①

【解説】　それぞれの投資先の利益の現在価値を計算するが、AとBは、3年後
と4年後の利益が同じであるので、最初の180百万円が得られる時期
が早いAの現在価値が高いのは明白である。また、C、D、Eについ
ても、4年後の利益が同じであり、早めに高い利益が得られるEが高
い現在価値になるのは明白であるので、AとEを計算する。

$$A : \frac{180}{1.03} + \frac{210}{1.03^3} + \frac{100}{1.03^4} \fallingdotseq 455.8 \ [百万円]$$

$$E : \frac{150}{1.03} + \frac{130}{1.03^2} + \frac{210}{1.03^4} \fallingdotseq 454.8 \ [百万円]$$

したがって、投資先Aが最も高い投資先であるので、①が正解である。

なお、平成22年度、平成24年度、平成26年度および平成30年度試験において、類似の問題が出題されている。

□ ある会社では、ある機械の設備投資に際して、買取りにするかリースにするかについて検討している。以下に示す条件において、リースによる場合の総費用の現在価値が、買取りによる場合の総費用の現在価値に最も近くなる毎年のリース費用は次のうちどれか。 (R1－5)

［条件］

a. 考慮する期間：5年

b. 割引率（年利率）：10%

c. 買取りの場合：1年目の初めに1,000万円を支払い、5年目の末に残存価額100万円で買い戻してもらえる。なお、設置費用及び撤去費用は無料とする。

d. リースの場合：5年間、毎年の初めにリース費用を均等に支払う。さらに、1年目の初めに設置費用として50万円、また5年目の末に撤去費用として20万円をそれぞれ支払う。

e. 上で述べたもの以外の費用や収益は考えない。

① 165万円 ② 190万円 ③ 210万円

④ 225万円 ⑤ 230万円

【解答】 ③

【解説】買取りの場合の総費用の現在価値は次の式で計算できる。

$$1000 - \frac{100}{1.1^5} \fallingdotseq 1000 - 62 = 938 \ [万円]$$

　　毎年のリース費用を X［万円］とすると、リースの場合の総費用の現在価値（R［万円］）は次の式で表せる。

$$R = 50 + X + \frac{X}{1.1} + \frac{X}{1.1^2} + \frac{X}{1.1^3} + \frac{X}{1.1^4} + \frac{20}{1.1^5} \fallingdotseq 62 + 4.17X$$

$$= 938 ［万円］$$

$$4.17X = 876$$

$$X \fallingdotseq 210 ［万円］$$

したがって、③が正解である。

□　Webを用いてオンラインで商品を売るビジネスを展開したい。事業開始に必要なのはWebシステムの構築費用のみであり、年初に200万円を必要とする。3年間は同じ商品・ビジネスモデルが可能と予測しており、この200万円の資金を3年間で回収したい。3年とも同額の利益を年末に得ることを条件としたとき、資金回収が可能となる1年間あたりに最小限必要な利益に最も近い値はどれか。ただし年利率は3%であるとする。
(H28 － 3)

①　63万円　　②　65万円　　③　67万円　　④　69万円　　⑤　71万円

【解答】　⑤

【解説】最小限必要な利益額 M は、金利（r）と構築費用（I）、回収年数（n）から、次の式で求められる。

　　なお、問題文から $I = 2{,}000{,}000$、$r = 0.03$、$n = 3$ であるので次のように計算できる。

$$M = I \frac{r(1+r)^n}{(1+r)^n - 1} = 2{,}000{,}000 \times \frac{0.03 \times 1.03^3}{1.03^3 - 1} \fallingdotseq 707{,}060$$

したがって、71万円が最も近い値であるので、⑤が正解である。

（2）設　計

□　製品設計・製品開発に関する用語の説明として、次のうち最も適切な
ものはどれか。　　　　　　　　　　　　　　　　　　　　　（R1－2）

① 　デザインイン：消費者の要望に適合する製品を設計・開発するため
に、企画部門がデザイン思考に基づいて製品を企画する活動。

② 　デザインレビュー：製品を市場に投入する直前に、製品が設計通り
に生産されているかを審査する活動。

③ 　コンカレントエンジニアリング：複数の製品の設計・開発を同時並
行的に進めることで設計・開発期間の短縮を図ること。

④ 　フロントローディング：初期の工程のうちに、後工程で発生しそう
な問題の検討や改善に前倒しで集中的に取り組み、品質の向上や工期
の短縮を図ること。

⑤ 　VE：製品の価値を、限界利益を生産時間で割ったものと定義し、
限界利益を増加、又は生産時間を短縮することで価値の向上を図る手
法。

【解答】　④

【解説】①デザインインとは、メーカーが取引先の部品メーカーなどと、製品
の開発段階から共同して製品を開発していく手法であるので、不適
切な記述である。

②デザインレビューとは、設計・開発した成果物を複数の人にチェッ
クしてもらう設計審査のことであるので、不適切な記述である。

③コンカレントエンジニアリングとは、下流の業務担当者（詳細設計
などの実施部隊）を、基本設計段階からチームに参画させて、工期
の短縮を図る手法であるので、不適切な記述である。

④フロントローディングの説明は、選択肢文の記述のとおりであるの
で、適切な記述である。

⑤VEとはValue Engineeringの略で、製品やサービスの価値を、果た
すべき機能とそれにかけるコストの関係で把握して、価値の向上を

図る手法であるので、不適切な記述である。

□　製品やサービスに関するマスカスタマイゼーションのアプローチの記述について、適用例との組合せとして最も適切なものはどれか。

(H30 － 6)

【アプローチ】

(ア) 顧客情報の事前分析により、顧客のニーズを満たす仕様で製品・サービスを提供する。

(イ) 標準仕様品に簡単な施しを加えて、製品・サービスとして顧客へ提供する。

(ウ) 顧客との個別の相互対話を通じて顧客のニーズをくみ取り、満足のいく製品・サービスを提供する。

(エ) 標準仕様品に顧客自身でカスタム化できるように手を加えて、製品・サービスを提供する。

【適用例】

(A) プログラム可能な照明装置

(B) ホテルチェーンにおける顧客データベースに基づくサービスの提供

(C) 採寸と顧客との会話を基に製造され、履き心地を保証したカスタムメイドの靴

(D) シャツへのネーム入れ

	(ア)	(イ)	(ウ)	(エ)
①	A	B	C	D
②	B	A	C	D
③	C	A	B	D
④	A	D	B	C
⑤	B	D	C	A

【解答】　⑤

【解説】(A) プログラム可能な照明装置は、標準として売られている照明装置に内蔵されたプログラムを使って、利用者が使用方法をカスタマイ

ズできるので、（エ）の内容として適切である。

（B）ホテルチェーンにおける顧客データベースに基づくサービスの提
供は、顧客の過去の利用履歴や要求等をデータベース化しておき、
チェックインする前に顧客のニーズを把握しサービスを提供するの
で、（ア）の内容として適切である。

（C）採寸時の顧客との会話を基に製造され、履き心地を保証したカス
タムメイドの靴は、個別の顧客の足の形状や好みを対面で把握して、
最も満足の高い製品を提供するので、（ウ）の内容として適切であ
る。

（D）シャツへのネーム入れは、既製品のシャツに店舗等で顧客の意向
に合わせてネームを入れて提供するので、（イ）の内容として適切
である。

したがって、B−D−C−Aとなるので、⑤が正解である。

（3）民間資金等の活用による公共施設等の整備等の促進に関する法律（PFI法）

□　我が国における、いわゆる PFI（Private Finance Initiative）法（民間
資金等の活用による公共施設等の整備等の促進に関する法律）に基づく
事業（以下「PFI事業」という。）に関する次の記述のうち、最も適切な
ものはどれか。　　　　　　　　　　　　　　　　　　　　　（R3−2）

① PFI事業における VFM（バリュー・フォー・マネー）とは、事業
期間全体を通じた公的財政負担の見込額の現在価値のことである。

② BTO方式とは、民間事業者が施設を整備し、施設を所有したまま
サービスの提供を行い、そのサービスに対して公共主体が民間事業者
に対価を支払う方式のことである。

③ BOT方式では、施設完成直後に、施設の所有権が民間事業者から
公共主体に移転される。

④ コンセッション方式では、施設の所有権を公共主体が有したまま、
施設の運営権が民間事業者に設定される。

⑤　内閣府の調査によれば、実施方針が公表されたPFI事業の単年度ごとの件数は、ここ数年減少傾向にある。

【解答】　④

【解説】①VFMとは、一定の支払い（Money）に対して最も価値の高いサービス（Value）を供給するという考え方のことであるので、不適切な記述である。

②BTO方式とは、民間事業者の資金で建設（Build）し、完成後に所有権を公共主体に移転（Transfer）し、民間事業者が維持管理（Operate）する方式であるので、不適切な記述である。

③BOT方式とは、民間事業者の資金で建設（Build）し、民間事業者が維持管理（Operate）し、事業終了後に所有権を公共主体に移転（Transfer）する方式であるので、不適切な記述である。

④コンセッション方式では、選択肢文に示されているとおり、施設の所有権を公共主体が有したまま、施設の運営権が民間事業者に設定されるので、適切な記述である。

⑤PFI事業の単年度ごとの件数は、平成11年度以降継続して増加しているので、不適切な記述である。

なお、平成21年度試験において類似の問題が出題されており、平成28年度試験において、「PFI事業におけるリスク分担等に関するガイドライン」の問題が出題されている。

□　PFI法（民間資金等の活用による公共施設等の整備等の促進に関する法律）に関する次の記述のうち、最も適切なものはどれか。（H27－3）

①　PFI法では、民間の資金、経営能力及び技術的能力の3つを活用しようとしている。

②　PFI法で対象とする公共施設等には、船舶、航空機等の輸送施設は含まれていない。

③　公共施設等の整備等に関する事業を国又は地方公共団体が民間事業者へ委ねる際には、当該事業により生ずる収益が考慮されることはな

い。

④　民間事業者に委ねた事業に対して、国及び地方公共団体は民間事業者への関与を最大限行うことを旨とする。

⑤　PFI法に基づいて、公共施設等の管理者等が委ねる事業を実施する民間事業者の募集に対しては、法人でない者でも応じることができる。

【解答】　①

【解説】①PFI法の第1条の冒頭で、「民間の資金、経営能力及び技術的能力を活用した……」と目的が示されているので、適切な記述である。

②PFI法の第2条第1項で「この法律において「公共施設等」とは、次に掲げる施設（設備を含む。）をいう。」と定義されており、第5号で、「船舶、航空機等の輸送施設及び人工衛星」が挙げられているので、不適切な記述である。

③PFI法の第3条第1項で、「当該事業により生ずる収益等をもってこれに要する費用を支弁することが可能である等の理由により民間事業者に行わせることが適切なものについては、できる限りその実施を民間事業者に委ねるものとする。」と規定されているので、不適切な記述である。

④PFI法の第3条第2項で、「国及び地方公共団体の民間事業者に対する関与を必要最小限のものとすることにより（中略）低廉かつ良好なサービスが国民に対して提供されることを旨として行われなければならない」と規定されているので、不適切な記述である。

⑤PFI法の第9条で「次の各号のいずれかに該当する者は、特定事業を実施する民間事業者の募集に応じることができない。」とされており、同条第1号で、「法人でない者」が挙げられているので、不適切な記述である。

2. 品質の管理

□　品質管理の統計的手法に関する次の記述のうち、最も不適切なものは
どれか。　　　　　　　　　　　　　　　　　　　　　　　　（R3−3）

①　管理図の管理限界は、製品の規格が定められている場合、規格値に
設定すべきである。

②　工程能力指数の値は、品質特性の測定値のばらつきが小さいほど大
きい。

③　工程能力指数の値から工程能力は十分であると判定できる場合に、
検査の簡略化が行われることがある。

④　抜取検査は、合格ロットの中にある程度の不適合品の混入があるこ
とを許容できる場合に用いる。

⑤　抜取検査を行う場合に満たすべき条件の1つは、ロットからサンプ
ルをランダムに抜き取ることができることである。

【解答】　①

【解説】①製品は管理図の管理限界内で異常を発見し、規格値で合否判定を行
うのが理想であるので、管理限界は規格値よりも小さくする必要が
ある。よって、不適切な記述である。

②工程能力指数は、定められた規格限度（6σなど）で製品を生産でき
る能力を表す指標であるので、品質特性の測定値のばらつきが小さ
いほど大きい。よって、適切な記述である。

③工程能力指数が高い場合は不良品が少ないという状況を表している
ので、検査の簡略化が行われることがある。よって、適切な記述で
ある。

④抜取検査では、不合格品が一定値以下であるときに合格とするので、ある程度の不適合品の混入があることを許容できる場合に用いる。よって、適切な記述である。

⑤抜取検査は、無作為に抜き取って行う検査であるので、ロットからサンプルをランダムに抜き取ることができる必要がある。よって、適切な記述である。

□　品質管理で用いられる図やグラフと、そこから読み取ることのできる内容の例の組合せとして、最も適切なものはどれか。　　　（R2－1）

①　系統図：ある工場で作られる部品の重量について、平均値は規格の中心とほぼ一致しているが、分布の幅は規格の幅よりも大きい。

②　連関図：ある製品について、日々の不適合品率が一定範囲内で推移しており、製造工程は安定した状態にある。

③　管理図：ある製造部品の寸法誤差と作業時間との関係について、作業時間が短いほど寸法誤差が大きい傾向にある。

④　パレート図：ある書類の記入項目のうち、不備件数の最も多い「日付」と、その次に多い「口座番号」の2つで、不備件数全体のおおよそ80％を占めている。

⑤　ヒストグラム：ある商品について、顧客満足度に対する影響は、価格よりもアフターサービスの方が大きい。

【解答】　④

【解説】①系統図とは、目的やゴールなどの目標を決め、そこに達するまでの手段等を樹枝状に表現した図をいうので、不適切な組合せである。

②連関図とは、原因や結果などの項目を抽出して、それらの因果関係を矢印で示した図のことであるので、不適切な組合せである。

③管理図とは、品質のばらつきを管理するためのグラフをいうので、不適切な組合せである。

④パレート図は、「不適合の原因の8割以上は、発生原因の2割以下の特定原因によって引き起こされている。」とする考え方を使ったグ

ラフのことであるので、適切な組合せである。

⑤ヒストグラムとは、データをいくつかの区間に分けて、その区間に
存在するデータの度数を棒グラフで表したものであるので、不適切
な組合せである。

なお、平成23年度および平成29年度試験において、類似の問題が出題
されている。

□　品質管理に関する次の記述のうち、最も適切なものはどれか。

(H30−1)

①　現場で徹底すべき基本的な内容を表現した標語である「5S」におい
て、「清潔」は、必要なものについた異物を除去することを指す。

②　新QC 7つ道具は言語データの分析に用いられるものであり、数値
データを解析する手法は新QC 7つ道具に含まれない。

③　寸法規格が50±0.3 mmである部品の寸法が平均50 mm、標準偏差
0.1 mmの正規分布に従うとき、寸法規格を満たさない部品の全体に
占める割合は1%以下である。

④　ISO 9001は、様々な品質マネジメントシステムの構造を画一化する
ことの必要性を示すことを意図している。

⑤　ISO 9001は、品質マネジメントシステムに関する要求事項、並びに
製品及びサービスに関する要求事項を規定している。

【解答】　③

【解説】①「5S」とは、職場管理上で徹底すべき整理、整頓、清掃、清潔、し
つけを指しており、そのうちの清潔は、「職場をきれいな状態に保
つ」ことであるので、不適切な記述である。

②新QC 7つ道具には、連関図、系統図、マトリックス図、過程決定
計画図、アローダイアグラム、親和図、マトリックスデータ解析が
あるが、そのうちマトリックスデータ解析は数値データを解析する
手法であるので、不適切な記述である。

③標準偏差（σ）は0.1 mmであるので、±0.3 mmの範囲は6σとな

13

る。6σ内に入るのは99.73％であるので、寸法規格を満たさない部品の全体に占める割合は1％以下である。よって、適切な記述である。

④ISO 9001は、顧客や社会などが求めている品質を備えた製品やサービスを常に届けるための仕組みを定めたものであるので、不適切な記述である。

⑤ISO 9001では、一貫した製品・サービスの提供と、顧客満足の向上を実現するための品質マネジメントシステムの要求事項を規定しているので、不適切な記述である。

なお、平成25年度試験において「QC 7つ道具」の問題、平成27年度試験において「5S」の内容を問う問題、平成28年度試験において「ISO 9001」に関する問題が出題されている。

3. 工程管理

(1) 需要予測

□　過去の需要量の時系列データに基づく需要予測の手法として、移動平均法と指数平滑法がある。これらの手法に関する次の記述のうち、最も不適切なものはどれか。　　　　　　　　　　　　　　　　　　（R1－4）

①　移動平均法では、あらかじめ設定した個数の過去の観測値から需要量の予測値を計算する。

②　移動平均法では、時系列データに傾向変動がある場合、需要の変化を遅れて追うことになり、その遅れは移動平均をとる期間が短いほど大きくなる。

③　移動平均法は、時系列データから季節変動による影響を取り除くためにも用いられる。

④　指数平滑法は、需要量の予測値を直近の観測値と直近の予測値との加重平均で算出する手法とみなすことができる。

⑤　指数平滑法は、古い観測値よりも最近の観測値を重視した加重移動平均法とみなすことができる。

【解答】　②

【解説】①移動平均法は、指定された過去の期間の需要実績データの平均値を、1単位ずつずらしながら計算することによって、その変化から需要を予測する手法であるので、適切な記述である。

②移動平均法では、移動平均を計算する期間を長くすると、需要変動の動きが小さく見えるため、大きな需要の変化があってもその変化が小さく見えるので、需要変化への対応を遅れて追う結果になる。

逆に期間を短くすると、需要変動の動きが早期に見えるので、遅れは小さくなる。よって、不適切な記述である。

③移動平均法で、移動平均を計算する期間を長くすると、季節変動などの需要差が反映されにくくなるので、期間の設定の方法によって、季節変動による影響を取り除くことができる。よって、適切な記述である。

④指数平滑法は、次の式で表せるので、適切な記述である。なお、a を平滑化係数といい、$0 \leqq a \leqq 1$ になる。

　　ある期間の需要＝a×前期実績値（＝観測値）＋$(1-a)$前期予測値

⑤指数平滑法は、上記④の式のとおり、需要予測を行うのに、前期の実績値と前期の予測値を加重平均して次期の予測をする方法であるので、最近の観測値を重視した加重移動平均法とみなすことができる。よって、適切な記述である。

なお、平成26年度試験において、「需要変動に対する生産計画の調整」に関する問題が出題されている。

(2) 負荷計画

□　ある職場では、負荷と能力について来月の工数の計算を行い、必要な残業時間を見積もっている。次のa～hの条件のもとで、負荷工数（時間）から能力工数（時間）を引いた来月の総残業時間（時間）として最も近いものはどれか。　　　　　　　　　　　　　　　　　　　（H30－7）

［条件］

　a. 作業者数：10名

　b. 定時での1日当り就業時間：8時間

　c. 就業日数：20日

　d. 作業者の平均出勤率：95％

　e. 1人の作業者が1個を生産するための標準時間（総加工時間）：20分

　f. 来月の適合品の生産計画量：4,900個

　g. 生産数量に対する適合品の数量の比率：99％

h. その他の条件は考慮しないものとする。

① 34時間　　② 50時間　　③ 114時間

④ 130時間　　⑤ 136時間

【解答】　④

【解説】能力工数と負荷工数は次の式で求められる。

$$能力工数＝10［名］×8［時間］×20［日］×0.95＝1520［時間］$$

$$負荷工数＝（20／60）［時間］×4900［個］÷0.99≒1650［時間］$$

$$総残業時間＝負荷工数－能力工数＝1650－1520＝130［時間］$$

したがって、④が正解である。

なお、平成27年度試験において、類似の問題が出題されている。

(3) プロジェクトマネジメント

□　プロジェクトマネジメント知識体系ガイド（PMBOKガイド）第6版
に関する次の記述のうち、最も不適切なものはどれか。　　　（R2－3）

① プロジェクトとは、独自のプロダクト、サービス、所産を創造する
ために実施される有期的な業務のことをいう。

② CPMは、プロジェクト・チームがプロジェクト目標を達成するため
に実行する作業の全範囲を階層的に分解したものである。

③ アクティビティ所要期間の見積りやコストの見積りに用いられる技
法として、三点見積りやパラメトリック見積りがある。

④ ガントチャートは、スケジュール情報を視覚的に示す図の1つであ
り、縦軸にアクティビティをリストアップし、横軸に時間軸をとる。

⑤ リスク対応の計画において、脅威に対処するために考慮され得る戦
略として、回避、軽減、転嫁、受容などがある。

【解答】　②

【解説】①この記述はPMBOKガイド第6版のプロジェクトの定義に示された
内容であるので、適切な記述である。

②CPMは、スケジュールのフレキシビリティを重視して考えられた工程管理手法で、ネットワーク作業がスケジュール上でフレキシビリティを持っているか、クリティカルパスにあるかを判断する手法であるので、不適切な記述である。なお、この選択肢に示された内容は、「ワークブレークダウンストラクチャー」（WBS）の内容である。

③プロジェクトの所要日数を確率的に推定する手法としては、楽観的な見積り、最も可能性のある見積り、悲観的な見積りを使った三点見積法や、過去のデータを基にしたパラメータを使って見積もるパラメトリック見積りなどがあるので、適切な記述である。

④ガントチャートは、縦軸にアクティビティをリストアップし、横軸に時間軸をとって、アクティビティの期間をバーで示したスケジュールチャートであるので、適切な記述である。

⑤リスクの対応戦略には、選択肢文に示されているとおり、回避、軽減、転嫁、受容などがあるので、適切な記述である。

なお、平成23年度および平成27年度試験において、「PMBOK」に関する問題が出題されている。

（4）スケジューリング手法

□　作業A～Gで構成されるプロジェクトがあり、各作業の所要日数と先行作業（その作業を開始する前に完了しているべき作業）が下の左表のように与えられている。作業AとBは同時に開始するものとする。ここで、プロジェクトの最短所要日数を短縮するために作業の見直しを行い、右表のように、作業Fを前半部分のF1と後半部分のF2に分割し、作業GをF1の完了後に開始できるように変更することを考える。この変更によるプロジェクトの最短所要日数の短縮日数として最も適切なものはどれか。　　　　　　　　　　　　　　　　　　　　　　　（R3－4）

	（見直し前）		→		（見直し後）	
作業	所要日数	先行作業		作業	所要日数	先行作業
A	5	なし		A	5	なし
B	3	なし		B	3	なし
C	5	A		C	5	A
D	8	B		D	8	B
E	4	C、D		E	4	C、D
F	6	B		F1	3	B
G	8	F		F2	3	F1
				G	8	F1

① 0日（短縮されない）　② 1日　③ 2日　④ 3日　⑤ 4日

【解答】　③

【解説】見直し前後の内容をネットワーク図で表すと次のようになる。

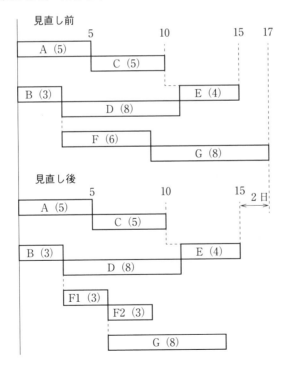

したがって、③が正解である。

19

□　7つの作業A～Gで構成されるプロジェクトがあり、各作業の所要日数と先行作業（その作業を開始する前に完了しているべき作業）が下表のように与えられている。ここで、作業Aと作業Bは、同じ設備を使用するため、同時に行うことはできない。このプロジェクトの最短の総所要日数はどれか。

（H30－4）

作業	所要日数	先行作業
A	5	なし
B	2	なし
C	4	A
D	6	B
E	3	C、D
F	5	C、D
G	4	E

① 16日　　② 18日　　③ 20日　　④ 22日　　⑤ 24日

【解答】　②

【解説】　作業Aと作業Bは同時にできないので、どちらを先にするかを考える。Aの次に行われる作業Cと、Bに次に行われる作業Dの日数を比べると、作業Dが長いので、作業Bを先に行う方が、総所要日数が短くなるのがわかる。この条件でネットワーク図を作ると次のようになる。

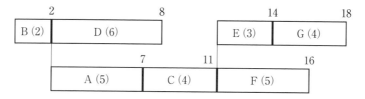

したがって、所要日数は18日となるので、②が正解である。

なお、平成21年度および平成26年度試験において、類似の問題が出題されている。

□ PERTとCPMに関する次の記述のうち、最も適切なものはどれか。

(H29－7)

① 最終作業を除く各作業の最遅完了時刻は、その作業の後続作業の最早開始時刻のうち、最も早い時刻と等しい。

② PERT計算によって求められるクリティカルパスは1つとは限らず、複数存在することもあれば、1つも存在しないこともある。

③ 各作業の所要時間が不確定な場合には、各作業の所要時間を3点見積もりすることにより、総所要時間がある値以下となる確率を推定できる。

④ CPMは、プロジェクトの総所要時間を延ばすことなく負荷を平準化するコスト最小な方法を求める手法である。

⑤ 最適化手法を用いてCPMの計算を行う場合、遺伝的アルゴリズムなどの近似解法がよく用いられる。

【解答】 ③

【解説】①最終作業を除く各作業の最遅完了時刻は、その作業の後続作業の最早開始時刻のうち、最も遅い時刻と等しいので、不適切な記述である。

②PERTにおいては、クリティカルパスは1つとは限らず複数存在することがある。また、最短の工程でプロジェクトを完了させる業務の場合には、最低1つはクリティカルパスが存在するので、不適切な記述である。

③PERTでは、「悲観的な見積り」、「最も可能性のある見積り」、「楽観的な見積り」という3点見積もりを加重平均して現実的な所要時間を推定できるので、適切な記述である。

④CPMは、ネットワーク作業がスケジュール上でフレキシビリティを持っているのか、クリティカルパスであるのかを判断する手法であるので、不適切な記述である。

⑤CPMの最適化手法としては、線形計画問題の特殊な例として解を

21

求めることが一般的であるので、不適切な記述である。

なお、平成28年度試験において、「PERT」に関する問題が出題されている。

4．現場の管理と改善

（1）生産統制

□　生産管理における評価尺度を表す用語にPQCDSMEがあり、これは7つの英単語の頭文字を並べたものである。次のうち、PQCDSMEに含まれる頭文字とその意味及び管理指標の例の組合せとして最も適切なものはどれか。　　　　　　　　　　　　　　　　　　　　　（R1－1）

	頭文字	意味	管理指標の例
①	P	収益性	利益率
②	Q	品質	生産リードタイム
③	S	安全	労働災害の発生件数
④	M	保全性	平均故障間隔
⑤	E	効率	労働生産性

【解答】　③

【解説】①Pは「生産性（Productivity）」を意味しており、管理指標としては「生産効率（＝生産量／生産要素の投入量）」などになるので、不適切な組合せである。

②Qは「品質（Quality）」を意味しているが、管理指標としては「不良品率」などになるので、不適切な組合せである。

③Sは「安全（Safety）」を意味しており、管理指標として「労働災害の発生件数」などがあるので、適切な組合せである。

④Mは「士気（Morale）」を意味しており、管理指標として「平均故障間隔」は適切でないので、不適切な組合せである。

⑤Eは「環境（Environment）」を意味しており、管理指標として「労

働生産性」は適切でないので、不適切な組合せである。

　なお、残りのCは「コスト（Cost）」、Dは「納期（Delivery）」を意味している。

(2) 生産方式

□　サプライチェーンマネジメントと生産方式に関する次の記述のうち、最も適切なものはどれか。　　　　　　　　　　　　　　　　　　　　　　　（R3－5）

① 　サプライチェーンマネジメントにおいて、管理の対象となるのは、原材料・資材の供給から生産、流通、販売に至るまでのものであり、サービスは含まない。

② 　顧客からの受注後に、完成在庫から出荷するのか、あるいは組み立てて出荷するのか、設計をして生産するのかなどによって、サプライチェーンマネジメントの形態は変わる。

③ 　制約条件の理論（TOC）によれば、システムを構成する工程のうち、制約条件となっている工程以外のすべての工程の能力を高めることにより、システム全体のパフォーマンス向上を目指すことができる。

④ 　プル型生産方式では、需要予測に基づいて生産計画をたて、原材料・部品の購買や製品の生産を行う。

⑤ 　ジャストインタイム（JIT）生産を実現するためのかんばん方式では、部品容器から外された「生産指示かんばん」を用いて、部品品目の運搬が指示される。

【解答】　②

【解説】①サプライチェーンマネジメントは、JIS Z 8141では、「資材供給から生産、流通、販売に至る物又はサービスの供給連鎖をネットワークで結び、販売情報、需要情報などを部門間又は企業間でリアルタイムに共有することによって、経営業務全体のスピード及び効率を高めながら顧客満足を実現する経営コンセプト」と定義されているので、不適切な記述である。

②①で示したとおり、サプライチェーンマネジメントは「資材供給から生産、流通、販売に至る物又はサービスの供給連鎖をネットワークで結ぶ」ので、完成在庫から出荷するのか、あるいは組み立てて出荷するのか、設計をして生産するのかなどの条件によって、当然、サプライチェーンマネジメントの形態は変わる。よって、適切な記述である。

③制約条件の理論とは、ボトルネック（制約条件）となっている工程を継続的に改善して、全体システムのパフォーマンスの向上を実現するものであるので、不適切な記述である。

④プルシステム（プル型生産方式）は、JIS Z 8141で、「後工程から引き取られた量を補充するためにだけ、生産活動を行う管理方式」と定義されているので、不適切な記述である。

⑤かんばん方式は、JIS Z 8141で、「トヨタ生産システムにおいて、後工程引取り方式を実現する際に、かんばんと呼ばれる作業指示票を利用して生産指示、運搬指示をする仕組み」と定義されている。かんばん方式では、外された「生産指示かんばん」は、前工程に送られて、「生産指示かんばん」分の生産を行うので、不適切な記述である。

なお、平成23年度、平成28年度および平成29年度試験において、類似の問題が出題されている。

□　サプライチェーンの途絶リスクに対しては、一般に、途絶時の影響を検証し、投入コストと効果を考慮した日ごろの取組など、平常時の競争力と非常時のリスク対応の両立が求められる。

　災害などの発生後、サプライヤからセットメーカに至るサプライチェーンの途絶に関して、そのロバストネスやレジリエンスの度合いを高め、リスクの低減に寄与する事前方策として、次の記述のうち、最もそぐわないものはどれか。　　　　　　　　　　　　　　　　　　　　　（R2－5）

①　セットメーカによるすべてのサプライヤの情報の一元的把握

②　サプライヤとセットメーカの協働による調達リードタイム・発注間

隔の短縮

③ 利用可能な複数サプライヤによる代替供給体制の構築

④ サプライヤの工場に対するセットメーカによる支援体制の構築

⑤ セットメーカで使用する部品の共通化・標準化の推進

【解答】 ②

【解説】①セットメーカがすべてのサプライヤの情報を一元的に把握できれば、供給の可否や復旧の度合い、支援の方法などの対策がとれるので、リスクの低減に寄与する。よって、適切な記述である。

②調達リードタイム・発注間隔の短縮を行うということは、部品在庫が少なくなり、途絶リスク発生後の短期に生産が止まってしまうので、そぐわない記述である。

③複数サプライヤによる代替供給体制を構築しておくと、供給が途絶したサプライヤから他のサプライヤへの切り替えができるので、リスクの低減に寄与する。よって、適切な記述である。

④サプライヤの工場が機能不全になった場合に、セットメーカがそこの復旧を早める支援を行えると、供給の再開が早まるので、リスクの低減に寄与する。よって、適切な記述である。

⑤使用する部品の共通化・標準化をしておくと、供給が途絶したサプライヤが出た場合に、代替えできるサプライヤがいる可能性が高まるので、リスクの低減に寄与する。よって、適切な記述である。

□ 原材料の段階から製品やサービスが消費者の手に届くまで、複数の企業からなるサプライチェーンを考える。サプライチェーンマネジメント（SCM）に関する次の記述のうち、最も不適切なものはどれか。なお、用語の意味・同義語は下表のとおりとする。 (H30－5)

用語	意味・同義語
ブルウィップ効果	ある製品に対するサプライチェーンにおいて、各企業がそれぞれ需要を予測しながら発注していく場合、川下から川上に段階がさかのぼるにしたがい、需要予測量の変動が増幅していく現象
パートナー企業	サプライチェーンに参加する企業
TOC	制約条件の理論

① SCMを適用する前のサプライチェーンでは、パートナー企業間にブルウィップ効果が現れることがある。

② SCMは、顧客や市場の変化に対しパートナー企業間でICTなどによる情報共有によって迅速に対応しようとする供給連鎖のビジネスモデルとして出現した。

③ SCMで、パートナー企業間で需要や在庫の情報を共有することによって、ブルウィップ効果の減少が期待される。

④ SCMでは、全体最適化のためTOCを適用し、サプライチェーン全体のほとんどの在庫を川下の最終消費者に近いパートナー企業に集めることが推奨される。

⑤ 企業あるいはサプライチェーンを取り巻く環境は変化していることから、SCMは環境変化に合わせて変化させていくことが重要である。

【解答】 ④

【解説】①SCMを適用しない場合には、発注がタイムリーに行えないため、ブルウィップ効果が発生しやすくなるので、適切な記述である。

②SCMは供給連鎖管理ともいわれるとおり、パートナー企業間での情報共有によって供給連鎖をするビジネスモデルとして出現したので、適切な記述である。

③SCMを適用して全体を統合管理することによってブルウィップ効果を減少させることが期待できるので、適切な記述である。

④制約条件の理論（TOC）は、ボトルネックとなっている工程を継続的に改善して、全体システムのパフォーマンスの向上を実現するので、在庫はパートナー企業すべてで最適化される。よって、不適切

27

　な記述である。

⑤消費者の動向やグローバル経済は常に変化しているので、SCM も
　それに合わせて変化させていく必要がある。よって、適切な記述で
　ある。

5. 原価管理

(1) 原価計算

□　標準原価計算の原価差異分析では、標準原価から実際原価を差し引いた差が原価差異として計算分析され、その目的は原価の管理に資することにある。原価差異は、その正負により、それぞれ有利差異及び不利差異と呼ばれる。参考のため、これらの原価差異分析でよく利用される分析概念図を下に示す。ここでは直接材料費と直接労務費を対象とした差異分析の例を取り上げる。

（１）直接材料費の差異分析　　　　（２）直接労務費の差異分析

図　原価差異の分析概念図

　製造企業のＡ社は、品目Ｘについて、次に示す標準原価を設定している。

a. 標準直接材料費：標準単価は500円／kg、標準消費量は1,000 kgである。

b. 標準直接労務費：標準賃率は1,000円／時間、標準作業時間は500時間である。

　実際に発生した原価として、次に示す数値が得られた。

c. 実際直接材料費：実際単価は450円／kg、実際消費量は1,100 kgであった。

d. 実際直接労務費：実際賃率は1,200円／時間、実際作業時間は400
時間であった。

なお、差異分析に当たっては、a〜dに述べた事項以外の条件は考え
ないものとする。直接材料費と直接労務費の原価差異分析に関する次の
記述のうち、最も不適切なものはどれか。　　　　　　　　（R2−6）

① 標準直接材料費及び標準直接労務費は、いずれも500,000円である。

② 数量差異は−50,000円（不利差異）である。

③ 賃率差異は−80,000円（不利差異）である。

④ 直接材料費の差異は5,000円（有利差異）である。

⑤ 直接労務費の差異は−20,000円（不利差異）である。

【解答】　⑤

【解説】

①標準直接材料費＝500［円／kg］×1,000［kg］＝500,000［円］

標準直接労務費＝1,000［円／時間］×500［時間］＝500,000［円］

であるので、適切な記述である。

②数量差異＝標準単価×（標準消費量−実際消費量）＝500×（1,000−1,100）

＝−50,000［円］（不利差異）であるので、適切な記述である。

③賃率差異＝実際作業時間×（標準賃率−実際賃率）＝400×（1,000−1,200）

＝−80,000［円］（不利差異）であるので、適切な記述である。

④実際直接材料費＝実際単価×実際消費量＝450×1,100＝495,000［円］

直接材料費の差異＝標準直接材料費−実際直接材料費＝500,000−495,000

＝5,000［円］（有利差異）であるので、適切な記述である。

⑤実際直接労務費＝実際作業時間×実際賃料＝400×1,200＝480,000［円］

直接労務費の差異＝標準直接労務費−実際直接労務費＝500,000−480,000

＝20,000［円］（有利差異）であるので、不適切な記述である。

□ 原価管理・原価計算に関する次の記述のうち、最も適切なものはどれ
か。　　　　　　　　　　　　　　　　　　　　　　　　　（R1−6）

① 原価計算は、財務諸表の作成や、販売価格の算定、原価管理、利益

管理、経営意思決定などのために活用される。

② 製品原価の計算では、はじめに製品別原価計算、次いで部門別原価計算、最後に費目別原価計算を行う。

③ 活動基準原価計算では、直接作業時間や機械時間などに基づいて、製造間接費を製品に配賦する。

④ マテリアルフローコスト会計は、工程内のマテリアルの実際の流れを投入物質ごとに金額と物量単位で追跡し、工程から出る製品と廃棄物のうち、製品を抽出してコストを計算する手法である。

⑤ 原価企画は、設計段階、生産段階、流通段階などのうち、生産段階で原価低減活動を行う手法である。

【解答】 ①

【解説】①原価計算は、企業などの活動を行う際に消費される経営資源の消費額を認識および測定する方法で、販売価格の算定、原価管理、利益管理、経営意思決定などに活用されるので、適切な記述である。

②原価計算では、最初に、勘定科目の費用を、材料費、労務費、経費に分類するので、費目別原価計算が行われる。その次に、費目別原価計算で分類された費用を組織上の製造部門費に配賦する部門別原価計算が行われ、最後に、製品別の原価計算を行うので、

$$\boxed{費目別原価計算} \rightarrow \boxed{部門別原価計算} \rightarrow \boxed{製品別原価計算}$$ の

順に行う。よって、不適切な記述である。

③活動基準原価計算では、生産活動の単位をアクティビティと呼び、製造間接費をこのアクティビティ別に配賦するので、不適切な記述である。

④マテリアルフローコスト会計は、製品を製造するために要したコストのうち、端材や不良品等にどれだけ無駄なコストがかかったかを把握するために、投入材料の総重量に占める端材や不良品等の重量割合を無駄なコストとして算出する会計手法であるで、不適切な記述である。

⑤原価企画は、広義には、新製品などの開発において、企画段階で製

品のライフサイクルにわたる目標原価を設定して、全社的な活動によって、目標を達成させる活動であるので、不適切な記述である。

なお、平成25年度および平成27年度試験において、類似の問題が出題されている。

(2) 活動基準原価計算（ABC）

□ 活動基準原価計算（Activity Based Costing：ABC）に関する次の記述のうち、最も適切なものはどれか。 (H30－2)

① 活動基準原価計算を実施する主目的は、財務諸表を作成するための製品原価の算定をより正確に行うことにある。

② 活動基準原価計算は、製造業における直接費の増加を背景として注目された手法であり、非製造業への適用も可能である。

③ 活動基準原価計算では、製造間接費の各製品への配賦基準として、主に直接作業時間や機械時間が用いられる。

④ 活動基準原価計算は、一般に、伝統的な原価計算と比べて、少量生産品に製造間接費を少なく配賦する。

⑤ 活動基準原価計算におけるコスト・ドライバーの例として、部品数、段取り回数、検査回数、仕様書枚数、開発者数が挙げられる。

【解答】 ⑤

【解説】①活動基準原価計算は、製造間接費を適切に製品に負担させる目的で考えられたシステムであるので、不適切な記述である。

②活動基準原価計算は、製造業における間接費の増加を背景として考えられた手法であるので、不適切な記述である。なお、非製造業である金融業やサービス業にも適用可能である。

③活動基準原価計算では、製造間接費の各製品への配賦基準（コスト・ドライバー）として資源ドライバーと活動ドライバーを用いるので、不適切な記述である。

④伝統的な原価計算では、多量生産品に間接費を多く配賦するため、

少量生産品には製造間接費が少なく配賦される。一方、活動基準原
価計算は、間接費を適切に製品に負担させるので、伝統的な原価計
算と比べると、<u>少量生産品に製造間接費を多く配賦する</u>。よって、
不適切な記述である。

⑤活動基準原価計算のコスト・ドライバーとして資源ドライバーと活
動ドライバーがあるが、具体的なコスト・ドライバーの例として、
選択肢文に示されたようなものが挙げられるので、適切な記述であ
る。

なお、平成24年度および平成28年度試験において、類似の問題が出題
されている。

(3) 経済性工学

□　あるメーカーの製品Xについて、次年度の利益計画の設定に関する次
の資料がある。

［資料］

a. 販売価格　　　　　30,000円／個

b. 販売量　　　　　　　800個

c. 変動費　　　　　　10,000円／個

d. 固定費　　　10,000,000円

　この条件下での損益分岐点の分析に関する次の記述のうち、最も適切
なものはどれか。なお、期首・期末の仕掛品及び製品在庫はゼロである
ものとし、次の各記述で取り上げた事項以外については、［資料］a～d
に示された内容に変化はないものとする。また、割合を示す数値は有効
数字3桁とする。　　　　　　　　　　　　　　　　　　　　（R3－6）

①　変動費を5％削減したときの売上高は22,800,000円となる。

②　固定費を1,000,000円増加させたときの限界利益は5,000,000円とな
る。

③　販売価格を8％値下げし、販売量が20％増加したときの営業利益は
8,496,000円となる。

---

④　予想売上高の83.3％が損益分岐点売上高となる。

⑤　限界利益率は66.7％となる。

【解答】　⑤

【解説】①通常は、変動費を削減するためには、仕入量を増やす（⇨販売量を増やす）などの対策を行うが、a、b、dの内容に変化はないという問題文の条件があるので、変動費に関係なく、売上高＝販売価格×販売量＝30,000×800＝24,000,000（円）である。よって、不適切な記述である。

②限界利益＝売上高－変動費＝24,000,000－10,000×800＝16,000,000（円）であるので、不適切な記述である。

③この場合の売上高＝30,000×（1－0.08）×800×1.2＝26,496,000
一方、固定費＋変動費＝10,000,000＋10,000×800×1.2＝19,600,000であるので、営業利益＝26,496,000－19,600,000＝6,896,000（円）である。

よって、不適切な記述である。

④損益分岐点売上高＝固定費÷{（売上高－変動費）÷売上高}

$= 10,000,000 \div \{(24,000,000 - 10,000 \times 800) \div 24,000,000\}$

$= 10,000,000 \div \dfrac{16}{24} = 10,000,000 \times 1.5 = 15,000,000$

$\dfrac{15,000,000}{24,000,000} \times 100 = 62.5$ ［％］であるので、不適切な記述である。

⑤限界利益率＝（売上高－変動費）÷売上高

$= (24,000,000 - 8,000,000) \div 24,000,000 \fallingdotseq 0.667$　⇨　66.7％

であるので、適切な記述である。

なお、平成29年度試験において、類似の問題が出題されている。

6. 財 務 会 計

□　財務諸表に関する次の記述のうち、最も不適切なものはどれか。なお、
キャッシュ・フロー計算書は間接法によるものとする。　　（R3－7）

①　貸借対照表において、流動負債に対する流動資産の割合が大きいほ
ど、短期的な資金繰りは安全である。

②　損益計算書において、売上高に対する売上総利益の割合が大きいほ
ど、製品やサービスの全体としての付加価値が高い。

③　営業活動によるキャッシュ・フローの計算では、売上債権の増加に
はキャッシュのプラスの調整を行い、仕入債務の増加にはキャッシュ
のマイナスの調整を行う。

④　フリー・キャッシュ・フローは、営業活動によるキャッシュ・フロー
に投資活動によるキャッシュ・フローを加えたものである。

⑤　キャッシュ・フロー計算書における現金及び現金同等物の期末残高
は、通常、貸借対照表における現金及び預金と同じ程度の金額となる。

【解答】　③

【解説】①流動負債（支払手形・買掛金等）に対する流動資産（現金等）の割
合が大きいほど支払い余力があるので、短期的な資金繰りは安全で
ある。よって、適切な記述である。

②売上高に対する売上総利益の割合が大きいということは、利益率が
高いということであるので、製品やサービスの全体としての付加価
値が高いといえる。よって、適切な記述である。

③売上債権の増加ということは、代金が未回収ということであるので、
キャッシュのマイナスの調整を行う。また、仕入債務の増加では資

金は流出していないので、キャッシュのプラスの調整を行う。よって、不適切な記述である。

④「フリー・キャッシュ・フロー」＝「営業活動キャッシュ・フロー」
＋「投資活動キャッシュ・フロー」であるので、適切な記述である。
なお、固定資産の投資などが多い場合には、「投資活動キャッシュ・
フロー」はマイナス値となる。

⑤キャッシュ・フロー計算書における現金及び現金同等物の期末残高
は、1年たった後の現金の額であるので、決算日の貸借対照表の現
金及び預金と同じ程度の金額となる。よって、適切な記述である。

□　財務諸表に関する次の記述のうち、最も適切なものはどれか。なお、
ここでのキャッシュ・フロー計算書は間接法によるものとする。

(R2－7)

①　損益計算書には、前期末から当期末までの期間において、銀行から
の借入やその返済など、資産・負債を直接増減させる個別の取引が記
載される。

②　貸借対照表には、前期末から当期末までの期間において、会社の現
金の出入りに係わる個別の取引が記載される。

③　キャッシュ・フロー計算書には、前期末から当期末までの期間にお
ける収益・費用と資産・負債などの期末残高が記載される。

④　減価償却費は、キャッシュ・フロー計算書の営業活動によるキャッ
シュ・フローにおいて、利益に加え戻されて記載される。

⑤　フリー・キャッシュ・フローは、キャッシュ・フロー計算書の投資
活動によるキャッシュ・フローに財務活動によるキャッシュ・フロー
を加えたものである。

【解答】　④

【解説】　①損益計算書は、一定期間（通常は1年の会計期間）における収益、
費用、利益の内容を、経営成績として明らかにするものであるので、
不適切な記述である。

②貸借対照表は、一定時点（通常は決算日）における資産、負債、資本の財政状態を表すものであるので、不適切な記述である。

③キャッシュ・フロー計算書とは、企業の会計期間におけるキャッシュ・インフロー（収入）とキャッシュ・アウトフロー（支出）が、営業活動、投資活動、財務活動に区分して記載される計算書であるので、不適切な記述である。

④減価償却費は、損益計算書ではマイナスとなるが、キャッシュ・フロー計算書の営業活動によるキャッシュ・フローにおいては、「非現金支出費用」であるため、利益に加え戻されて記載されるので、適切な記述である。

⑤フリー・キャッシュ・フローは、自由に使える現金がどれだけあるかを示す指標で、「営業キャッシュ・フロー」に「投資キャッシュ・フロー」を加えたものであるので、不適切な記述である。

なお、平成21年度、平成28年度、平成29年度および平成30年度試験において、類似の問題が出題されている。

□　財務諸表に関する次の記述のうち、最も不適切なものはどれか。

(R1-7)

①　貸借対照表（勘定式）では、左側に資産の部、右側に負債の部と純資産の部が記載され、資産合計は負債・純資産合計に一致する。

②　損益計算書（報告式）では、はじめに売上総利益を計算し、次いで営業損益、経常損益などを経て、当期純損益の順に損益が計算される。

③　キャッシュ・フロー計算書には、営業活動、投資活動、財務活動のキャッシュ・フローが記載される。

④　貸借対照表（勘定式）における流動資産の総額は、同期のキャッシュ・フロー計算書における現金及び現金同等物の期末残高に一致する。

⑤　減価償却費は、現金支出をともなわない費用であるため、企業内部に減価償却費に相当する資金が留保される効果が生じる。

【解答】　④

【解説】　①貸借対照表では、左側（借方）に資産の部、右側（貸方）に負債の部と純資産（資本）の部が記載され、資産合計は負債と純資産合計に一致するので、適切な記述である。

②損益計算書は、一定期間（通常は1年の会計期間）における収益、費用、利益の内容を経営成績として明らかにするもので、はじめに売上総利益を計算し、次いで営業損益、経常損益などを経て、当期純損益の順に損益が計算されるので、適切な記述である。

③キャッシュ・フロー計算書は、企業の会計期間におけるキャッシュ・インフロー（収入）とキャッシュ・アウトフロー（支出）が、営業活動、投資活動、財務活動に区分して記載される計算書であるので、適切な記述である。

④貸借対照表における流動資産には、現金及び預金、受取手形及び売掛金、リース債権及びリース投資資産、有価証券、商品及び製品、仕掛品、原材料及び貯蔵品、繰延税金資産などがあるので、同期のキャッシュ・フロー計算書における現金及び現金同等物の期末残高とは一致しない。よって、不適切な記述である。

⑤減価償却費は、金額の高い設備等を購入した年に一度に経費として計上するのではなく、耐用年数で分割して計上するので、購入年以外は現金支出をともなわない費用となる。そのため、減価償却費に相当する資金が留保される効果が生じるので、適切な記述である。

7. 設備管理

(1) 設備管理

□　生産活動又はサービス提供活動における設備管理に関する次の記述の
うち、最も適切なものはどれか。　　　　　　　　　　　　　　（R3−8）

①　設備のライフサイクルコストには、設備の開発や取得のための初期
投資コストと運転・保全の費用は含まれ、他方、設備の廃却費は含ま
れない。

②　一般に、設備保全活動に必要な保全費には、設備の新増設、更新、
改造などの固定資産に繰り入れるべき支出は含まれない。

③　設備修理期間中の設備休止に伴う機会損失費は、活動基準原価計算
により得られる費用として算出することができる。

④　生産自動化など計画中の設備投資案の経済計算には、価値分析や原
価企画などの方法があり、設備投資案の評価・比較に用いられる。

⑤　劣化を理由として現在使用中の設備を取り替える場合、絶対的劣化
による取替を「設備更新」といい、相対的劣化による取替を「設備取
替」という。

【解答】　②

【解説】①ライフサイクルコストは、設備の開発や取得のための初期投資コス
　　　　トや運転・保全の費用だけではなく、設備の廃却費までを含めるの
　　　　で、不適切な記述である。

　　　　②設備の新増設や更新などの固定資産に繰り入れるべき支出は、保全
　　　　費には含まれない。また、固定資産となっている設備の改造も、税
　　　　務上では資本的支出となり、保全費とはならないので、適切な記述

である。

③設備休止に伴う機会損失費は逸失利益であるので、活動基準原価計算により得られる費用として算出することはできない。よって、不適切な記述である。

④設備投資案の経済計算には、正味現在価値法や回収期間法などが用いられるので、不適切な記述である。なお原価企画は、広義には、新製品などの開発において、企画段階で製品のライフサイクルにわたる目標原価を設定して、全社的な活動によって、目標を達成させる活動である。

⑤絶対的劣化（物理的劣化）でも相対的劣化（非物理的劣化）でも設備更新・設備取替を行うので、違いはない。よって、不適切な記述である。なお、国土交通省では、更新を、「故障または機能低下した設備、装置の機能を復旧するため、新しいものに設置し直すこと」と定義しており、取替を「故障または機能低下した機器、部品を元の機能を復旧するため、新品にすること」と定義している。

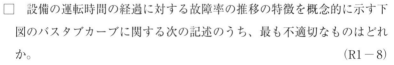

□ 設備の運転時間の経過に対する故障率の推移の特徴を概念的に示す下図のバスタブカーブに関する次の記述のうち、最も不適切なものはどれか。 (R1-8)

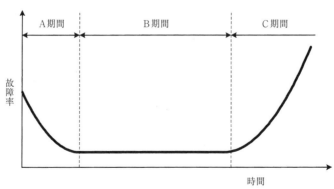

図 バスタブカーブ

① A、B、Cの各期間は、時間経過順にそれぞれ初期故障期間、摩耗

故障期間、偶発故障期間と呼ばれる。

② 　A期間では、設備の設計・製造の不良、材料の欠陥、運用のまずさなどに起因する故障が生ずる。

③ 　B期間では、設備の故障率はそれまでの実動時間にほとんど依存しない。

④ 　C期間では、設備が老朽化して、機械的な摩損や疲労、化学的な腐食、経年的な材質変化などに起因する故障が生ずる。

⑤ 　C期間では、予防保全や改良保全により、故障率の増大傾向を減少させることが有効である。

【解答】 　①

【解説】 ①Aは初期故障期間、Bは偶発故障期間、Cは摩耗故障期間と呼ばれているので、不適切な記述である。

②導入初期のA期間では、設備の設計・製造時の不良、使用されている材料の欠陥、運用不慣れなどに起因する故障が生じるので、適切な記述である。

③耐用期間内の通常使用期における故障は、偶発的に発生する故障であり、それまでの実動時間にほとんど依存しないので、適切な記述である。

④耐用年数末期のC期間は、設備が老朽化するため、機械的な摩損や疲労、化学的な腐食、経年的な材質変化などが生じるため、それらに起因する故障が生じるので、適切な記述である。

⑤耐用年数末期のC期間は、故障に至る前に寿命を推定して、故障を未然に防止する方式の保全である予防保全や、故障が起こりにくい設備への改善、または性能向上を目的とした保全活動である改良保全を実施することによって、故障率の増大傾向を減少させることができるので、適切な記述である。

(2) 保全活動

> □ 機械設備の保全活動は、計画・点検・検査・調整・修理・取替などを
> 含む設備のライフサイクル全般の観点から行われる。
>
> 保全活動を、設備の故障・不良を排除するための対策を講じたり、そ
> れらを起こしにくい設備に改善したりするための「改善活動」と、設計
> 時の技術的側面を正常・良好な状態に保ち、効率的な生産活動を維持す
> るための「維持活動」に分類するとすれば、次の組合せのうち最も適切
> なものはどれか。 (R2-8)
>
> | | 「改善活動」 | 「維持活動」 |
> |---|---|---|
> | ① | 定期保全・保全予防 | 予知保全・改良保全 |
> | ② | 改良保全・事後保全 | 定期保全・予知保全 |
> | ③ | 保全予防・改良保全 | 事後保全・予防保全 |
> | ④ | 改良保全・予知保全 | 保全予防・事後保全 |
> | ⑤ | 予防保全・事後保全 | 改良保全・保全予防 |

【解答】 ③

【解説】 **事後保全**は、設備に故障が発見された段階でその故障を取り除く方式
の保全であるので「維持活動」である。よって、事後保全が「改善活
動」に入っている②と⑤は正解でないのがわかる。また、**改良保全**は、
故障が起こりにくい設備への改善、または性能向上を目的とした保全
活動であるので、「改善活動」である。よって、「維持活動」に入って
いる①は正解でないのがわかる。**保全予防**は、設備、系、ユニット、
アッセンブリ、部品などについて、計画・設計段階から過去の保全実
績または情報を用いて不良や故障に関する事項を予知・予測し、これ
らを排除するための対策を織り込む活動であるので、「改善活動」であ
る。よって、④が正解でないのがわかる。**予防保全**は、故障に至る前
に寿命を推定して故障を未然に防止する保全であるので、「維持保全」
である。

したがって、③が正解である。

なお、平成23年度、平成25年度および平成26年度試験において、類似の問題が出題されている。

□ 予防保全に関する次の記述の、[   ]に入る語句の組合せとして最も適切なものはどれか。 (H29−4)

予防保全では、設備の良好な状態を維持し、

(1) 劣化を防ぐために行う清掃・給油・増締め・点検などの [(ア)]、

(2) 劣化を測定するための定期検査又は [(イ)]、

(3) 劣化を早期に復元するための整備・修理、

などを行う。予防保全の方式として、[(ア)] の他に [(ウ)] と [(エ)] があり、オーバーホール型保全は [(ウ)] の方法の1つである。

	(ア)	(イ)	(ウ)	(エ)
①	日常保全	緊急点検	予知保全	保全予防
②	日常保全	設備診断	定期保全	予知保全
③	保全予防	緊急点検	定期保全	改良保全
④	改良保全	設備診断	予知保全	定期保全
⑤	改良保全	設備診断	保全予防	予知保全

【解答】 ②

【解説】 (1) JIS Z 8141では、「日常保全」は、「設備の性能劣化を防止する機能を担った日常的な活動。劣化進行速度をゆるやかにするための日常的な諸活動の総称」と説明しているので、(ア) は「日常保全」である。なお、JIS Z 8141では、「保全予防」は、「設備、系、ユニット、アッセンブリ、部品などについて、計画・設計段階から過去の保全実績又は情報を用いて不良や故障に関する事項を予知・予測し、これらを排除するための対策を織り込む活動」と説明されている。また、「改良保全」は、「故障が起こりにくい設備への改善、又は性能向上を目的とした保全活動」と説明している。

(2) (イ) の選択肢として示された「緊急点検」は、事故や災害被害が発生した際に緊急に行う点検のことである。通常時に劣化を測定す

るのに行われるのはもう一つの設備診断であるので、（イ）は「設備診断」である。

(3) JIS Z 8141で、予防保全には「定期保全」と「予知保全」の2つがあると示されており、JIS Z 8141では、「定期保全」は、「従来の故障記録、保全記録の評価から周期を決め、周期ごとに行う保全方式」と説明されている。なお、「オーバーホール型保全」は定期保全の一つであるので、（ウ）は「定期保全」である。よって、（エ）は「予知保全」になる。なお、「予知保全」は、JIS Z 8141では、「設備の劣化傾向を設備診断技術などによって管理し、故障に至る前の最適な時期に最善の対策を行う予防保全の方法」と説明されている。

したがって、日常保全－設備診断－定期保全－予知保全となるので、②が正解である。

8. 計画・管理の数理的手法

□　計画・管理における科学的・数理的手法に関する次の記述のうち、最
も適切なものはどれか。　　　　　　　　　　　　　　　　　（R2－4）

①　線形計画問題は、一般に、変数が整数値をとることを条件として加
えると解くことが容易になる。

②　多目的最適化では、通常、パレート最適解がただ1つ求まる。

③　ゲーム理論は、意思決定をする主体が複数存在する状況を数学的に
取り扱う方法論であり、非協力ゲームと協力ゲームとに大きく分ける
ことができる。

④　デルファイ法では、複数の参加者が、回覧されるシートに各自のア
イデアを記入していくことで、1人で考えながらも全員の協同作業で
アイデアを広げていくことを目指す。

⑤　階層化分析は、分析対象のすべてをいくつかの群に分ける手法であ
り、何らかの基準に従って似ているものが同じ群に入るように分類す
る。

【解答】　③

【解説】①線形計画問題は、制約条件が線形不等式または線形等式、目的関数
が線形関数である問題であるが、変数が整数値をとることを条件と
する整数計画問題は、解くのが難しくなるので、不適切な記述であ
る。

②複数の目的関数を最大化または最小化するような多目的最適化では
パレート最適を考える必要が出てくるが、その場合の最適解はただ
1つとはならない。そのため、最適解の決定は、意思決定者の選好

によらざるを得なくなる。よって、不適切な記述である。

③ゲーム理論の説明は、選択肢文に示されたとおりであるので、適切
な記述である。

④デルファイ法は収束アンケート法とも呼ばれており、複数の専門家
に対して何回か同じテーマについてアンケートを繰り返し行う方法
で、最終的に回答が収束していくことを利用した手法であるので、
不適切な記述である。

⑤階層化分析は、階層的な構造を使って代替案の評価を行う手法で、
複数の階層の評価要因の重要度係数と評価値を使って代替案を定量
的に評価して、意思決定をするので、不適切な記述である。

なお、平成24年度、平成26年度および平成28年度試験において、
類似の問題が出題されている。

☐　計画・管理における数理的・科学的手法の適用例に関する次の記述の
うち、最も適切なものはどれか。　　　　　　　　　　　　　　（R1 − 3）

①　離散型シミュレーションを、差分方程式で表現される経済現象を分
析するために用いる。

②　数理計画法を、業務における勤務シフトを決定するために用いる。

③　AHPを、プロジェクトの所要日数を確率的に推定するために用いる。

④　ブレインストーミング法を、多数のアイデアを整理・分類するため
に用いる。

⑤　特性要因図を、原因が複雑に絡み合った問題に対して、原因同士の
因果関係を整理するために用いる。

【解答】　②

【解説】①差分法は、連続な関数で表された基本方程式を、離散的な代数方程
式（離散化方程式）によって近似して解く手法であり、連続型シ
ミュレーションであるので、不適切な記述である。なお、離散型シ
ミュレーションは、システムの状態変化が特定のイベントの生起に
よって引き起こされるモデルに適用される。

②数理計画法は、一定のルールの範囲内においてできるだけ良い方法を導く手法で、勤務シフトを決定する際にも用いられるので、適切な記述である。

③AHPは階層化意思決定法であり、階層的な構造を使って代替案の評価を行う手法であるので、不適切な記述である。なお、プロジェクトの所要日数を確率的に推定する手法としては、楽観的な見積り、最も可能性のある見積り、悲観的な見積りを使った3点見積法などがある。

④ブレインストーミング法は、あるテーマに対して、参加者が自由奔放にアイデアを出し合って創造性を開発する手法であるので、不適切な記述である。なお、多数のアイデアを整理・分類する手法としては、親和図などがある。

⑤特性要因図は、各種の要因によって引き起こされる現象を、魚の骨状に示して要因分析し、判断を行う手法であるので、不適切な記述である。なお、原因同士の因果関係を整理する手法としては、連関図などがある。

なお、平成28年度試験において、類似の問題が出題されている。

□ 納期遅れとコストを評価指標としたスケジューリングを行うため、納期遅れとコストを同時に最小化しようとする多目的最適化を考える。この最適化問題において、実行可能な解はA〜Hの8個であり、それぞれの納期遅れとコストの値が下表のように与えられている。A〜Hのうち、パレート最適解であるものの数はどれか。　　　　　　　　　　　(H29－8)

解	納期遅れ	コスト
A	0	50
B	1	40
C	1	30
D	2	30
E	3	35
F	3	20
G	3	10
H	4	10

① 2　　② 3　　③ 4　　④ 5　　⑤ 6

【解答】　②

【解説】与えられた表を解空間のグラフに書き換えると次のようになる。

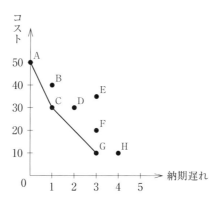

　　最適な方向としては、コストが安く、納期遅れが少ない方向であるので、0点側に近い実行可能な解を線で結ぶ。この線より上にある解は劣解となる。

　　したがって、パレート最適解はA、C、Gの3つとなるので、②が正解である。

第2章

人的資源管理

　この章では、過去に択一式問題として出題された項目を、総合技術監理
キーワード集の人的資源管理に示された項目の順番に合わせて示します。
人的資源管理では、これまで人の行動と組織、労働関係法と労務管理、人
材活用計画、人材開発の問題が出題されています。

1．人の行動と組織

(1) 組織開発と組織構造

□　組織文化に関する次の記述のうち、最も適切なものはどれか。

(R3 − 13)

① 組織文化は、組織の中でメンバーがどのように行動すべきかを示す公式な決まりの体系である。

② オフィスの環境や衣服などの表層的なものは、組織文化とは無関係である。

③ 組織文化には、組織のメンバーにとって当然のこととみなされる前提や仮定も含まれる。

④ 直面する環境が大きく変化した場合でも、組織がそれに適合した組織文化を形成していくことは容易である。

⑤ 1つの企業では部門ごとに異なる組織文化が形成されることはない。

【解答】　③

【解説】①組織文化はメンバー間で共有されている行動原理や思考様式のことであるが、公式な決まりではないので、不適切な記述である。

②組織文化はメンバー間で共有されている行動原理や思考様式であるので、それがオフィスの環境や衣服などの表層的なものにも表れる場合はある。よって、無関係とは言いきれないので、不適切な記述である。

③組織文化はメンバー間で共有されている行動原理や思考様式のことであるので、メンバーにとって当然のこととみなされる前提や仮定も含まれる。よって、適切な記述である。

④思考や行動パターンが似たメンバーだけになると、環境が大きく変化した場合に、それに適合した組織文化としていくのが遅れる傾向にあるので、不適切な記述である。

⑤企業全体で共有されている行動原理や思考様式もあるが、同じ仕事をしているメンバーが集う部門における特有の行動原理や思考様式もあるので、それに合わせた組織文化が形成される場合がある。よって、不適切な記述である。

なお、平成24年度試験において、類似の問題が出題されている。

□　以下の（ア）〜（エ）のそれぞれについて、職能別組織と事業部制組織のどちらが優位であるかを整理した。次のうち、優位な組織の組合せとして、最も適切なものはどれか。　　　　　　　　　　　　　（R3－16）

（ア）専門的な知識や経験の蓄積

（イ）活動規模の拡大に伴う単位コストの低下

（ウ）事業環境の変化への迅速な対応

（エ）次世代の経営者の育成

	（ア）	（イ）	（ウ）	（エ）
①	職能別組織	職能別組織	事業部制組織	事業部制組織
②	事業部制組織	職能別組織	職能別組織	職能別組織
③	職能別組織	職能別組織	職能別組織	事業部制組織
④	事業部制組織	事業部制組織	職能別組織	職能別組織
⑤	事業部制組織	事業部制組織	事業部制組織	職能別組織

【解答】　①

【解説】（ア）専門的な知識や経験の蓄積ができるのは、専門家が集結している「職能別組織」である。

（イ）職能別組織では、職能別に人材が集約しているため、事業規模が拡大すると単位コストは低下するので、「職能別組織」が適切である。

（ウ）事業環境の変化へ迅速に対応するのは、フレキシブルに組織が構成できる「事業部制組織」が適している。

（エ）利益責任を課している事業部制は、次世代の経営者の育成に適し

ているので、「事業部制組織」が適切である。

したがって、①が正解である。

□　組織構造に関する特性についての（ア）〜（エ）の記述に対応する組

織形態の組合せとして、最も適切なものはどれか。　　　　　（H29－11）

（ア）専門性で部門化された水平的分業に重きを置く組織形態。部門業績

評価が困難となり、部門間の壁に悩まされることが多い。

（イ）分割された組織単位を自律した存在として認め、必要に応じて組織

単位間で自由に連結するようにしたもの。複数の主体の結合なので、

事業活動の不安定性・不確実性が高い。

（ウ）職能と事業の二元的な組織編成であり、双方の組織体制の有効性を

実現しようとするもの。権力関係と情報の流れが複雑となる課題があ

る。

（エ）分権化された組織単位によって構成されており、市場における競争

状態での自律的活動、変化への対応等に有効。資源などの重複と組織

単位間の隙間における対応力の弱さが課題となる。

	（ア）	（イ）	（ウ）	（エ）
①	職能別組織	マトリックス組織	ネットワーク組織	事業部制組織
②	事業部制組織	職能別組織	ネットワーク組織	マトリックス組織
③	職能別組織	ネットワーク組織	マトリックス組織	事業部制組織
④	ネットワーク組織	職能別組織	マトリックス組織	事業部制組織
⑤	事業部制組織	ネットワーク組織	マトリックス組織	職能別組織

【解答】　③

【解説】（ア）専門性で部門化されている組織形態という点から、「職能別組織」

を示しているのがわかる。職能別組織の場合には、専門性に基づい

た部門間の壁に悩まされることが多いとされている。

（イ）必要に応じて組織単位間で自由に連結するようにしたという点か

ら、「ネットワーク組織」を示しているのがわかる。ネットワーク

組織の場合には、個人や小組織を自律したものと認めているため、事業活動においては不安定性や不確実性が高くなる。

（ウ）職能と事業の二元的な組織編成という点から、「マトリックス組織」を示しているのがわかる。マトリックス組織の場合には、それぞれの軸にマネジャーが存在するため、メンバーに対する指示・命令系統が複雑となる。

（エ）分権化された組織単位という点から、「事業部制組織」を示しているのがわかる。事業部制組織の場合には、市場の変化に柔軟に対応できる反面、資源などの重複などの無駄や事業間の隙間に対する対応の弱さが生じる危険性がある。

したがって、職能別組織－ネットワーク組織－マトリックス組織－事業部制組織となるので、③が正解である。

なお、平成22年度、平成24年度および平成26年度試験において、類似の問題が出題されている。

□　組織開発に関する次の記述のうち、最も不適切なものはどれか。

(R1 － 16)

① 「対話型組織開発」は、診断を行わずに対話を通じて現状を把握し、組織の取組の計画を策定し実行するものである。

② 「診断型組織開発」は、「対話型組織開発」から発展して成立した手法であり、組織の診断を集中的に行うものである。

③ 組織開発では、価値や考え方が対立する場合、一方を優先して他方を無視するのではなく、それらの同時最適解を探ることが大切だという考えがある。

④ 組織開発でキーとなる概念には、「コンテント」と「プロセス」があり、「コンテント」は課題・仕事などの内容的な側面であり、「プロセス」はどのように課題や仕事が進められているか、などといった関係的過程を意味する。

⑤ 組織開発では、決まった取組を当てはめるのではなく、実施する取組を現状に合わせてカスタマイズすることが大切だとされている。

【解答】　②

【解説】①「診断型組織開発」は、最初に現状の診断を行った後に、診断結果を基に対話というステップに入るが、「対話型組織開発」は、診断を行わずに対話を通じて現状を把握するので、適切な記述である。

②「診断型組織開発」は伝統的な組織開発の取組方法として用いられてきたが、2000年代になって「対話型組織開発」が登場したので、不適切な記述である。

③組織開発で重要なのはメンバー全員の対話で、対話は議論とは異なり、相手を説得したり合意を得ることが目的ではなく、結果として、組織の健全性や効果性を高める最適解を探るのが組織開発の目的であるので、適切な記述である。

④「コンテント」は「内容」であり、Whatの側面を意味するので、課題・仕事などの内容的な側面である。一方「プロセス」は「手順」であり、Howの側面を意味するので、どのように課題や仕事が進められているかの過程である。よって、適切な記述である。

⑤組織は千差万別であるので、健全性や効果の高い組織開発を実施する場合には、その組織に合わせて取組をカスタマイズすることが大切であるので、適切な記述である。

(2) 人の行動モデル

□　人の行動モデルに関する次の記述のうち、最も適切なものはどれか。

(R1-14)

①　マグレガーによれば、X理論では「人は働くことをポジティブに捉える存在である」、Y理論では「人は働くことをネガティブに捉える存在である」とし、Y理論に基づき「アメ」と「ムチ」を使い分けながら管理する方が、業績は上がるとしている。

②　マズローによれば、人の欲求は低次元から高次元まで5段階あり、人の特徴はその複数の段階の欲求を並行して追求していくものとしている。

③　ハーズバーグが提案した二要因理論によれば、職務満足感につながる要因と、仕事に対する不満につながる要因とは別のものであり、職務への動機付けのためには、後者の要因を除去することを優先すべきであるとしている。

④　メイヨーらがホーソン工場で行った実験によれば、労働者の生産性向上をもたらす要因は、感情や安心感よりも賃金であるとされている。

⑤　アッシュの研究によれば、集団のメンバーは、常にその集団に受け入れられたいと望むため、集団規範に同調しがちであるとしている。

【解答】　⑤

【解説】①マグレガーは、「人は働くことをネガティブに捉える存在である」というX理論と、「人は働くことをポジティブに捉える存在である」というY理論を唱えたので、選択肢文の記述は逆である。また、現代は、Y理論に基づいて<u>自主的に行動させる方</u>が業績が上がるとしているので、不適切な記述である。

②マズローの欲求5段階説は、人は低次の欲求がかなえられたら、その上位の欲求に進むとしているので、不適切な記述である。

③ハーズバーグの二要因理論は、<u>不満を予防するための衛生要因</u>と、積極的にやる気を起こさせる動機付け要因があり、<u>衛生要因を整備したうえで</u>、仕事の達成感などの<u>動機付け要因を優先する</u>と、組織は活性化するとしているので、不適切な記述である。

④いわゆるホーソン実験において、作業能率は、照明などの作業条件や賃金よりも、作業集団の雰囲気や感情に影響されることが判明したので、不適切な記述である。

⑤アッシュの研究では、自分一人では正確な判断ができる人でも、集団の中にいると、集団の判断に合わせて誤った判断をしてしまう傾向があることが明らかになったので、適切な記述である。

なお、平成21年度、平成22年度、平成23年度、平成27年度および平成28年度試験において、類似の問題が出題されており、平成23年度試験で「ホーソン実験」の問題、平成24年度試験で「マグレガーのX理

論とＹ理論」に関する問題が出題されている。

(3) リーダーシップ

□　人的資源管理に関するＡ～Ｄに示した用語について、それぞれの下
　にある（ア）、（イ）のうち、ふさわしい説明の組合せとして、最も適切
　なものはどれか。　　　　　　　　　　　　　　　　　　　　　（R2－16）

Ａ：コンピテンシー

（ア）組織の業績向上をもたらす適度な競争環境。

（イ）高い業績をあげている社員のもつ業績達成能力。

Ｂ：サーバントリーダーシップ

（ア）企業において上司の指示を正確に理解して行動する社員（サーバン
　　ト）と、部下に的確な指示を出すリーダーの最適な組合せにより高い
　　効率を追求する経営哲学。

（イ）「リーダーである人は、まず相手に奉仕し、その後相手を導くもの
　　である」というリーダーシップ哲学。

Ｃ：人事評価における「ハロー効果」

（ア）被評価者のある一点が優れているとほかの点も優れていると考えて
　　しまうことにより生じる評価誤差。

（イ）評価者の身近で仕事をしている被評価者に対して個人的な親しみを
　　感じることにより生じる評価誤差。

Ｄ：組織開発における「コンテント」と「プロセス」

（ア）「コンテント」は、組織において何が話され、何が取り組まれてい
　　るか等のwhatの側面をいい、「プロセス」はどのように参加がなされ、
　　どのように進められているか等のhowの側面をいう。

（イ）「コンテント」は、診断型組織開発を行う際に必要な調査項目をい
　　い、「プロセス」はそのための手順をいう。

	A	B	C	D
①	（ア）	（ア）	（ア）	（イ）
②	（イ）	（イ）	（イ）	（ア）
③	（ア）	（ア）	（イ）	（イ）
④	（イ）	（イ）	（ア）	（ア）
⑤	（イ）	（ア）	（ア）	（イ）

【解答】　④

【解説】A：コンピテンシーとは、高い業績や成果につながる行動特性のことであるので、（イ）が適切な説明である。

B：サーバントリーダーシップとは、部下への奉仕や支援を行って、部下が主体的に協力するよう導くリーダーシップであるので、（イ）が適切な説明である。

C：人事評価における「ハロー効果」とは、人材を評価する際に、その人材の優れた点（劣った点）に注目することによって、他の点についても同様に高く（低く）評価してしまうバイアスであるので、（ア）が適切な説明である。

D：「コンテント」は「What」、具体的には、何を話しているか、何に取り組んでいるのかという内容的な側面を指しており、「プロセス」は「How」、具体的には、どのように課題に取り組んでいるかであるので、（ア）が適切な説明である。

したがって、（イ）－（イ）－（ア）－（ア）となるので、④が正解である。

□　リーダーシップに関する理論として、リーダーシップを指示的行動と協労的行動という2つの軸で論じ、最適な効果を生むリーダーシップは部下の成熟度によって異なるという考え方がある。部下の成熟度を「未成熟」、「やや未成熟」、「やや成熟」、「成熟」という4段階に分類したときに、第2段階である「やや未成熟」な部下に対するリーダーの対応として、最も適切なものはどれか。
（H30－13）

① 仕事に関してこちらの考えを説明し、疑問があればそれに答えるな
ど双方向のコミュニケーションを行う。

② 仕事遂行の責任は部下に委ね、ゆるやかに監督する。

③ 仕事上での自由裁量や自律性を高め、意思決定を部下とともに行う。

④ 仕事の手順や進め方などをOJTも含め指導し、監督する。

⑤ 早く仕事を覚えさせて自信を持たせ、仕事仲間であるという安心感
を与える。

【解答】　①

【解説】部下の成熟度によってリーダーシップのスタイルを変えるというSL理
論があるので、その理論に基づいて判断する。

①「やや未成熟」な部下には、自分の考えを説明し、部下からの疑問
に答えるような対応が好ましいので、適切な記述である。

②仕事遂行の責任は部下に委ね、ゆるやかに監督するのは、「成熟」
な部下に対する態度であるので、不適切な記述である。

③仕事上での自由裁量や自律性を高め、意思決定を部下とともに行う
のは、「やや成熟」な部下に対する態度であるので、不適切な記述
である。

④仕事の手順や進め方などをOJTも含め指導し監督するのは、「未成
熟」な部下に対する態度であるので、不適切な記述である。

⑤早く仕事を覚えさせて自信を持たせ、仕事仲間であるという安心感
を与えるのは、「未成熟」な部下に対する態度であるので、不適切
な記述である。

なお、平成25年度試験で「リーダーシップ」、平成26年度試験で
「リーダーのスタイル」、平成28年度試験で「PM理論」に関する問題が
出題されている。

2. 労働関係法と労務管理

(1) 労働基準法と労働契約法

□ 労務管理に関する次の記述のうち、最も不適切なものはどれか。

(R1-9)

① 臨時の賃金等を除き、賃金は原則として、毎月1回以上、一定の期日を定めて、通貨で、直接労働者に、全額を支払わなければならない。

② 使用者が就業規則の変更により労働条件を変更する場合は、変更後の就業規則を労働者へ周知し、かつ労働者の受ける不利益の程度、労働条件の変更の必要性、内容の相当性、労働組合等との交渉の状況等が合理的である必要がある。

③ 事業主は、就業場所の変更を伴う配置の変更を行おうとする場合に、その就業場所の変更によって子育てや介護が困難になる従業員がいるときは、当該従業員の子育てや介護の状況に配慮しなければならない。

④ 法律で解雇が禁止されている場合として、次のものがある。

（ア）業務上の傷病による休業期間及びその後30日間の解雇

（イ）産前産後の休業期間及びその後30日間の解雇

（ウ）女性の婚姻、妊娠、出産、産前産後休業等を理由とする解雇

⑤ 派遣労働者が通算5年を超えて同一の派遣先へ派遣された場合は、当該労働者の申込みにより、無期労働契約に転換することが派遣先の事業主に義務付けられている。

【解答】 ⑤

【解説】①労働基準法第24条で、「賃金は、通貨で、直接労働者に、その全額を支払わなければならない。」と規定されており、同条第2項で

59

「賃金は、毎月1回以上、一定の期日を定めて支払わなければならない。」と規定されているので、適切な記述である。

②労働契約法第10条で、「使用者が就業規則の変更により労働条件を変更する場合において、変更後の就業規則を労働者に周知させ、かつ、就業規則の変更が、労働者の受ける不利益の程度、労働条件の変更の必要性、変更後の就業規則の内容の相当性、労働組合等との交渉の状況その他の就業規則の変更に係る事情に照らして合理的なものであるときは、労働契約の内容である労働条件は、当該変更後の就業規則に定めるところによるものとする。」と規定されているので、適切な記述である。

③育児・介護休業法第26条で、「事業主は、その雇用する労働者の配置の変更で就業の場所の変更を伴うものをしようとする場合において、その就業の場所の変更により就業しつつその子の養育又は家族の介護を行うことが困難となることとなる労働者がいるときは、当該労働者の子の養育又は家族の介護の状況に配慮しなければならない。」と規定されているので、適切な記述である。

④労働基準法第19条で、「使用者は、労働者が業務上負傷し、又は疾病にかかり療養のために休業する期間及びその後30日間並びに産前産後の女性が第65条の規定によって休業する期間及びその後30日間は、解雇してはならない。」と規定されている。また、男女雇用機会均等法第9条で、「事業主は、女性労働者が婚姻し、妊娠し、又は出産したことを退職理由として予定する定めをしてはならない。」と規定されているので、適切な記述である。

⑤労働契約法第18条では、「同一の使用者との間で締結された2以上の有期労働契約の契約期間を通算した期間が5年を超える労働者が、当該使用者に対し、現に締結している有期労働契約の契約期間が満了する日までの間に、当該満了する日の翌日から労務が提供される期間の定めのない労働契約の締結の申込みをしたときは、使用者は当該申込みを承諾したものとみなす。」と規定されており、派遣契約ではないので、派遣先の事業主への義務ではない。よって、不適切

な記述である。

□　労使関係に関する次の記述のうち、最も不適切なものはどれか。

（R1－11）

① 　常時10人以上の労働者を使用する事業場において、就業規則を作成し、又は変更する場合には、労働者の過半数で組織する労働組合、又はそれがないときには労働者の過半数を代表する者の意見を聴かなければならない。

② 　1つの事業場の常時使用される同種の労働者の過半数が1つの労働協約の適用を受けるときは、残りの同種の労働者にもその協約が適用される。

③ 　労働組合の運営のための経費の支払につき経理上の援助を与えることは不当労働行為として禁止されているが、最小限の広さの組合事務所の供与等は除かれている。

④ 　会社の責任で労働者を休業させた場合、休業期間中、会社は当該労働者の平均賃金の6割以上の休業手当を支払わなければならない。

⑤ 　労働委員会が行うあっせんは、紛争当事者双方の主張のとりなしや団体交渉のとりもちなどをあっせん員が行うことにより当事者間の自主的解決を援助するものである。

【解答】　②

【解説】①労働基準法第89条に「常時10人以上の労働者を使用する使用者は、次に掲げる事項について就業規則を作成し、行政官庁に届け出なければならない。」と規定されている。また、同法第90条で「使用者は、就業規則の作成又は変更について、当該事業場に、労働者の過半数で組織する労働組合がある場合においてはその労働組合、労働者の過半数で組織する労働組合がない場合においては労働者の過半数を代表する者の意見を聴かなければならない。」と規定されているので、適切な記述である。

　②労働組合法第17条で、「1の工場事業場に常時使用される<u>同種の労</u>

働者の4分の3以上の数の労働者が1の労働協約の適用を受けるに
至ったときは、当該工場事業場に使用される他の同種の労働者に関
しても、当該労働協約が適用されるものとする。」と規定されている
ので、不適切な記述である。

③労働組合法第7条「不当労働行為」の第3号で、「労働組合の運営の
ための経費の支払につき経理上の援助を与えること。ただし、（中
略）最小限の広さの事務所の供与を除くものとする。」が規定され
ているので、適切な記述である。

④労働基準法第26条で、「使用者の責に帰すべき事由による休業の場
合においては、使用者は、休業期間中当該労働者に、その平均賃金
の100分の60以上の手当を支払わなければならない。」と規定され
ているので、適切な記述である。

⑤あっせんは、「個別労働関係紛争の解決の促進に関する法律」に基
づいて行われる制度で、その目的は、第1条に「この法律は、労働
条件その他労働関係に関する事項についての個々の労働者と事業主
との間の紛争（労働者の募集及び採用に関する事項についての個々
の求職者と事業主との間の紛争を含む。）について、あっせんの制
度を設けること等により、その実情に即した迅速かつ適正な解決を
図ること」と規定されている。また、第2条に「個別労働関係紛争
が生じたときは、当該個別労働関係紛争の当事者は、早期に、かつ、
誠意をもって、自主的な解決を図るように努めなければならない。」
と規定されているので、適切な記述である。

□　労働基準法に関する次の記述のうち、最も不適切なものはどれか。な
お、ここでいう労使協定とは「当該事業場に、労働者の過半数で組織す
る労働組合があるときはその労働組合、労働者の過半数で組織する労働
組合がないときは労働者の過半数を代表する者との書面による協定」で
ある。　　　　　　　　　　　　　　　　　　　　　　　　（H30－16）

①　使用者は、労働時間が6時間を超える場合は45分以上、8時間を超
える場合は1時間以上の休憩を与えなければならない。また、少なく

とも毎週1日の休日か、4週間を通じて4日以上の休日を与えなければ
ならない。

② 労使協定において、時間外・休日労働について定め、行政官庁に届
け出た場合には、法定の労働時間を超える時間外労働、法定の休日に
おける休日労働が認められる。なお、時間外労働時間には限度が設け
られている。

③ 変形労働時間制は、労使協定又は就業規則等において定めることに
より、一定期間を平均し、1週間当たりの労働時間が法定労働時間を
超えない範囲内において、特定の日又は週に法定労働時間を超えて労
働させることができる制度である。

④ フレックスタイム制は、就業規則等により制度を導入することを
定めた上で、労使協定により、一定期間を平均し1週間当たりの労働
時間が法定の労働時間を超えない範囲内において、その期間における
総労働時間を定めた場合に、その範囲内で始業、終業時刻を労働者が
それぞれ自主的に決定することができる制度である。

⑤ 使用者は、雇入れ日から起算して、6ヶ月継続勤務し全労働日の
8割以上出勤した労働者に対して、継続し、又は分割した10労働日の
有給休暇を与えなければならない。なお、いわゆる育児・介護休業法
に規定する育児休業又は介護休業をした期間は出勤したものとはみな
さない。

【解答】 ⑤

【解説】①労働基準法第34条の「休憩」で選択肢文の前半の内容が規定され
ており、第35条の「休日」で選択肢文の後半の内容が規定されて
いるので、適切な記述である。

②労働基準法第36条で選択肢文の内容が規定されているので、適切な
記述である。

③労働基準法第32条の二で選択肢文の内容が規定されているので、
適切な記述である。

④労働基準法第32条の三で選択肢文の内容が規定されているので、

適切な記述である。

⑤労働基準法第39条第1項で選択肢文の前半の内容が規定されているが、第39条第10項で、「労働者が業務上負傷し、又は疾病にかかり療養のために休業した期間及び育児休業、介護休業等育児又は家族介護を行う労働者の福祉に関する法律第2条第1号に規定する育児休業又は同条第2号に規定する介護休業をした期間並びに産前産後の女性が第65条の規定によって休業した期間は、第1項及び第2項の規定の適用については、これを出勤したものとみなす。」と規定されているので、後半の内容は不適切な記述である。

なお、平成24年度、平成25年度、平成27年度、平成28年度および平成29年度試験において、類似の問題が出題されている。

□　労働関係法に関する次の記述のうち、最も適切なものはどれか。

(H29 − 10)

① 労働契約法が改正され、定年後の継続雇用の労働者も含めた労働者の有期労働契約が繰り返し更新され通算5年を超えたとき、労働者の申し出があれば、無期労働契約に転換しなければならない。

② いわゆるパートタイム労働法において、パートタイム労働者について正社員との差別的取扱いが禁止されるのは、(1) 職務内容が正社員と同一、(2) 人材活用の仕組みが正社員と同一、(3) 無期労働契約を締結していること、のすべてを満たす場合である。

③ いわゆる労働者派遣法が改正され、派遣先事業主に対して、無期雇用への転換推進措置、派遣料金などの情報公開、及び待遇に関する事項説明が義務化された。

④ 労働安全衛生法が改正され、一定規模以上の事業者には、労働者の心理的な負担の程度を把握するための、医師、保健師等による検査（ストレスチェック）の実施が義務化された。

⑤ いわゆる女性活躍推進法が制定され、すべての事業者に自社の女性の活躍に関する数値目標と取組を盛り込んだ行動計画の策定・公表等が義務化された。

【解答】 ④

【解説】①労働契約法第18条第1項で、「同一の使用者との間で締結された2以上の有期労働契約の契約期間を<u>通算した期間が5年を超える労働者</u>が、当該使用者に対し、現に締結している有期労働契約の契約期間が満了する日までの間に、当該満了する日の翌日から労務が提供される期間の定めのない<u>労働契約の締結の申込みをしたとき</u>は、使用者は当該申込みを承諾したものとみなす。」と規定されている。一方、専門的知識等を有する有期雇用労働者等に関する特別措置法では、定年後の継続雇用の労働者等を「特定有期雇用労働者」と定義し、同法第8条で、「有期労働契約に係る<u>労働契約法第18条第1項の規定の適用については、同項中「5年」とあるのは、「専門的知識等を有する有期雇用労働者等に関する特別措置法第5条第2項に規定する第一種認定計画に記載された同法第2条第3項第1号に規定する特定有期業務の開始の日から完了の日までの期間（当該期間が10年を超える場合にあっては、10年）」</u>とする。」と特例が設けられているので、不適切な記述である。

②短時間労働者及び有期雇用労働者の雇用管理の改善等に関する法律（パートタイム労働法）第9条で、「事業主は、<u>職務の内容が通常の労働者と同一の短時間・有期雇用労働者</u>であって、当該事業所における慣行その他の事情からみて、当該事業主との雇用関係が終了するまでの全期間において、その職務の内容及び配置が当該<u>通常の労働者の職務の内容及び配置の変更の範囲と同一の範囲で変更される</u>ことが見込まれるものについては、短時間・有期雇用労働者であることを理由として、基本給、賞与その他の待遇のそれぞれについて、差別的取扱いをしてはならない。」と規定されているので、選択肢文の（1）と（2）を満たす場合に禁止される。よって、不適切な記述である。

③労働者派遣法で、無期雇用への転換推進措置、派遣料金などの情報公開、及び待遇に関する事項説明が義務化されたのは、<u>派遣元事業主</u>であるので、不適切な記述である。

④労働安全衛生法第66条の十で、「事業者は、労働者に対し、厚生労働省令で定めるところにより、医師、保健師その他の厚生労働省令で定める者による心理的な負担の程度を把握するための検査を行わなければならない。」と規定されているので、適切な記述である。なお、一定規模以上とは、労働安全衛生法施行令第5条で、50人以上とされている。

⑤女性の職業生活における活躍の推進に関する法律（女性活躍推進法）第8条で、「国及び地方公共団体以外の事業主であって、常時雇用する労働者の数が300人を超えるものは、事業主行動計画策定指針に即して、一般事業主行動計画（一般事業主が実施する女性の職業生活における活躍の推進に関する取組に関する計画をいう。）を定め、厚生労働省令で定めるところにより、厚生労働大臣に届け出なければならない。」と規定されているので、すべての事業者ではない。よって、不適切な記述である。

(2) 労働組合法と労働関係調整法

□　労使関係に関する次の記述のうち、最も適切なものはどれか。

(R3 - 9)

①　パートタイム労働者は、労働組合に加入することはできない。

②　団体交渉では、賃金や労働時間、休日などの労働条件のほか、団体交渉の手続、組合活動における施設利用の取扱いなどが交渉事項となり得る。

③　労働委員会は、半数は使用者を代表する者、残りの半数は労働者を代表する者によって構成される。

④　労働委員会が行うあっせんは、紛争当事者間の自主的解決を援助するため、あっせん員が当事者間の話合いの仲立ちなどを公開で行うものである。

⑤　労働委員会が調停を進める中で調停案を提示した場合、労働者側、使用者側のいずれもこれを受け入れなければならない。

【解答】 ②

【解説】①労働組合法第3条で、「この法律で「労働者」とは、職業の種類を問わず、賃金、給料その他これに準ずる収入によって生活する者をいう。」と規定されているので、パートタイムの労働者も労働組合に加入することはできる。よって、不適切な記述である。

②団体交渉の交渉事項に法律の制約はないが、選択肢文の内容は一般的に交渉事項となりうるので、適切な記述である。

③労働組合法第19条で、労働委員会は、公益を代表する委員（公益委員）、労働者を代表する委員（労働者委員）、使用者を代表する委員（使用者委員）のそれぞれ同数によって組織すると規定されているので、不適切な記述である。

④あっせんは、紛争当事者から、場合によっては参考人からも意見を聴取し、事件の解決に必要なあっせん案を作成し、紛争当事者に提示することであるが、あっせんの手続は非公開であるので、不適切な記述である。

⑤調停案の受諾は任意となっているので、不適切な記述である。

□ 労働組合及び労働委員会による争議調整に関する次の記述のうち、最も適切なものはどれか。 (H29−9)

① 労働者が団結し、使用者と団体交渉を行い、ストライキ等の団体行動をすることは、憲法で保障されている基本的な権利である。

② パートタイムの労働者が労働組合に加入することはできない。

③ 労働関係の公正な調整を目的とする労働委員会は、労働者を代表する委員と使用者を代表する委員によって構成される。

④ 労働委員会にあっせんを申請できるのは労働者側のみである。

⑤ 労働委員会が調停を進める中で解決案を提示した場合、労働者側、使用者側のいずれもこれを受け入れなければならない。

【解答】 ①

【解説】①日本国憲法第28条で「勤労者の団結する権利及び団体交渉その他

の団体行動をする権利は、これを保障する。」と規定されているので、適切な記述である。

②労働組合法第3条で、「この法律で「労働者」とは、職業の種類を問わず、賃金、給料その他これに準ずる収入によって生活する者をいう。」と規定されているので、パートタイムの労働者も労働組合に加入することはできる。よって、不適切な記述である。

③労働組合法第19条で、「労働委員会は、使用者を代表する者、労働者を代表する者及び公益を代表する者各同数をもって組織する。」と規定されているので、不適切な記述である。

④労働関係調整法第12条で、「労働争議が発生したときは、労働委員会の会長は、関係当事者の双方若しくは一方の申請又は職権に基いて、斡旋員名簿に記されている者の中から、斡旋員を指名しなければならない。」と規定されているので、労働者側のみではない。よって、不適切な記述である。

⑤労働関係調整法第28条で、「この章の規定は、労働争議の当事者が、双方の合意又は労働協約の定により、別の調停方法によって事件の解決を図ることを妨げるものではない。」と規定されているとおり、調停案を受け入れるかどうかは自由であり、法的な拘束力はないので、不適切な記述である。

なお、平成21年度、平成25年度、平成26年度および平成27年度試験において、類似の問題が出題されている。

(3) 障害者の雇用の促進等に関する法律（障害者雇用促進法）

□　いわゆる障害者雇用促進法に関する次の記述のうち、最も適切なものはどれか。　　　　　　　　　　　　　　　　　　　　　　　　（R2－11）

①　事業主は、労働者の募集及び採用について、障害者に対して障害者でない者と均等な機会を与えなければならないとされており、障害者のみを対象とした求人は差別に当たる。

②　雇用の義務や障害者雇用納付金制度の対象となる障害者とは、身体

障害者、知的障害者、精神障害者（精神障害者保健福祉手帳の交付を受けているものに限る。）をいう。

③　障害者雇用納付金制度では、民間企業に対して、常用雇用労働者数にかかわらず、法定雇用率未達成の企業から納付金を徴収し、法定雇用率を超えて雇用を行っている企業には調整金を支給している。

④　国及び地方公共団体は、障害者雇用率について法令の定めはないが、障害者の採用に関する計画を作成しなければならない。

⑤　障害者雇用率に関する労働者の算定に当たっては、パート、アルバイトは、常時雇用する労働者の総数に含まれない。

【解答】　②

【解説】①同法第34条で、選択肢文の前半の内容が示されているが、障害者のみを対象とした求人はポジティブアクションであるので、禁止される差別には該当しない。よって、不適切な記述である。

②同法第37条第2項に対象障害者が規定されており、選択肢文の内容が示されているので、適切な記述である。

③同法第54条第1項（第3章第2節第2款内）で、納付金の額は、「調整基礎額に、当該年度に属する各月ごとにその初日におけるその雇用する労働者の数に基準雇用率を乗じて得た数の合計数を乗じて得た額とする。」と示されている。また、第50条第1項で「調整基礎額に当該年度に属する各月ごとの初日におけるその雇用する対象障害者である労働者の数の合計数を乗じて得た額が同条第1項の規定により算定した額を超える事業主に対して、その差額に相当する額を当該調整基礎額で除して得た数を単位調整額に乗じて得た額に相当する金額を、当該年度分の障害者雇用調整金として支給する。」と示されている。しかし同法附則第4条で、「その雇用する労働者の数が常時100人以下である事業主については、当分の間、第49条第1項第1号、第50条並びに第3章第2節第2款及び第4節の規定は、適用しない。」と示されているので、不適切な記述である。

④同法第38条（雇用に関する国及び地方公共団体の義務）第1項に、

障害者雇用率以上の採用義務が示されており、障害者の雇用の促進
等に関する法律施行令第 2 条に障害者雇用率が定められているので、
不適切な記述である。

⑤同法第 43 条第 3 項に、「対象障害者である労働者の数及び前項の対
象障害者である労働者の総数の算定に当たっては、対象障害者であ
る短時間労働者は、その一人をもって、厚生労働省令で定める数の
対象障害者である労働者に相当するものとみなす。」と規定されて
いるので、不適切な記述である。

(4) 高年齢者等の雇用の安定等に関する法律（高年齢者雇用安定法）

□　高齢化社会の進展に伴い、関係法令が整備されてきた。いわゆる男女
雇用機会均等法、高年齢者雇用安定法等の諸法令に関する次の記述のう
ち、最も適切なものはどれか。　　　　　　　　　　　　　　　（R2 − 9）

①　事業主が、厚生年金の支給年齢の男女差と整合を図ることを理由と
して、男女で異なる定年を定めることは法令で禁じられている。

②　65 歳以上の労働者は雇用保険の加入対象とならない。

③　定年の定めを廃止した事業主は、定められた方法により年齢制限の
理由を明らかにした場合に、65 歳以下であることを条件として労働者
の募集及び採用を行うことができる。

④　継続雇用制度を導入している事業主は、定年退職者の希望に合致し
た条件で雇用を行う義務がある。

⑤　継続雇用制度を導入している事業主は、継続雇用制度で雇用を希望
する定年退職者を、自己の子法人等に引き継いで雇用させてはならな
い。

【解答】　①

【解説】①男女雇用機会均等法第 6 条で、「事業主は、次に掲げる事項について、
労働者の性別を理由として、差別的取扱いをしてはならない。」と
規定しており、第 4 号で、「退職の勧奨、定年及び解雇並びに労働

契約の更新」が示されているので、適切な記述である。

②平成29年1月から、65歳以上の労働者も「高年齢保険者」として雇用保険法の適用対象となったので、不適切な記述である。

③高年齢者雇用安定法第20条で、「事業主は、労働者の募集及び採用をする場合において、やむを得ない理由により一定の年齢（65歳以下のものに限る。）を下回ることを条件とするときは、求職者に対し、厚生労働省令で定める方法により、当該理由を示さなければならない。」と規定されているので、不適切な記述である。

④高年齢者雇用安定法第4条の「事業主の責務」では、雇用する高年齢者について、その意欲及び能力に応じてその者のための雇用の機会の確保等が図られるよう努めるものとすると規定されているので、義務ではない。よって、不適切な記述である。

⑤高年齢者雇用安定法第9条「高年齢者雇用確保措置」の第2項で、「特殊関係事業主」が示されており、自己の子法人等が「特殊関係事業主」となっている。そのため、自己の子法人等での雇用が認められているので、不適切な記述である。

なお、平成27年度試験において、類似の問題が出題されている。

(5) 育児休業、介護休業等育児又は家族介護を行う労働者の福祉に関する法律（育児・介護休業法）

□　いわゆる育児・介護休業法（育児休業、介護休業等育児又は家族介護を行う労働者の福祉に関する法律）、労働基準法に関する次の記述のうち、最も適切なものはどれか。　　　　　　　　　　　　　　（R3-11）

① 　介護休業の対象家族には、配偶者の祖父母が含まれる。

② 　労働者は、要介護状態にある対象家族を介護するために、対象家族1人につき、通算93日まで、3回まで分割して介護休業を取得することができる。

③ 　事業主は、要介護状態にある対象家族を介護する労働者について、所定労働時間の短縮等の措置を講ずるよう努めなければならない。

④　介護休暇を取得する要件を満たす労働者が、介護休暇を事業主に申し出たときに、事業主は業務の正常な運営を妨げる場合には拒むことができる。

⑤　年次有給休暇の算定に当たっては、労働者が介護休業を取得した期間は出勤日数に含まない。

【解答】　②

【解説】①育児・介護休業法第2条第4号「対象家族」で、「配偶者、父母及び子並びに配偶者の父母をいう」と規定しているので、不適切な記述である。

②育児・介護休業法第11条第2項で選択肢文の内容が規定されているので、適切な記述である。

③育児・介護休業法第23条第3項で「所定労働時間の短縮措置等」が規定されているが、努力義務ではなく義務であるので、不適切な記述である。

④育児・介護休業法第16条の六で、「事業主は、労働者からの前条第1項の規定による申出があったときは、当該申出を拒むことができない。」と規定されているので、不適切な記述である。

⑤労働基準法第39条第10項で、「介護休業をした期間は出勤したものとみなす」と規定しているので、不適切な記述である。

なお、平成27年度試験において、類似の問題が出題されている。

□　いわゆる育児・介護休業法（育児休業、介護休業等育児又は家族介護を行う労働者の福祉に関する法律）においては、育児のために次に示す5つの制度が定められている。このうち、2歳の子を養育する労働者が一定の要件を満たす場合に利用できる制度の数はどれか。　（H30－9）

（ア）育児休業：労働者は、事業主に申し出ることにより、子1人につき原則として1回、育児休業をすることができる。

（イ）子の看護休暇：労働者は、事業主に申し出ることにより、病気やけがをした子の看護を行うなどのために、年間一定日数の休暇を取得す

ることができる。

（ウ）所定労働時間短縮の措置：事業主は、労働者が希望すれば利用でき
　　る短時間勤務制度（1日の所定労働時間を原則として6時間とする措
　　置を必ず含む。）を設けるなどの措置を講じなければならない。

（エ）深夜業の制限：労働者が請求した場合には、事業主は、原則として
　　その労働者を午後10時から午前5時までの間において労働させてはな
　　らない。

（オ）所定外労働の制限：労働者が請求した場合には、事業主は、原則と
　　してその労働者を、所定労働時間を超えて労働させてはならない。

① 1　　② 2　　③ 3　　④ 4　　⑤ 5

【解答】　④

【解説】（ア）育児休業は第5条に規定されており、「その養育する1歳に満たな
　　　　　い子について、」と示されているので、2歳の子では利用できない。

　　　　（イ）子の看護休暇は第16条の二に規定されており、「小学校就学の始
　　　　　期に達するまでの子を養育する労働者は、」と示されているので、
　　　　　2歳の子に利用できる。

　　　　（ウ）所定労働時間短縮の措置は第23条に規定されており、「3歳に満
　　　　　たない子を養育する労働者」と示されているので、2歳の子に利用
　　　　　できる。

　　　　（エ）深夜業の制限は第19条に規定されており、「小学校就学の始期に
　　　　　達するまでの子を養育する労働者」と示されているので、2歳の子
　　　　　に利用できる。

　　　　（オ）所定外労働の制限は第16条の八に規定されており、「3歳に満た
　　　　　ない子を養育する労働者」と示されているので、2歳の子に利用で
　　　　　きる。

　　　　したがって、利用できる制度は4つであるので、④が正解である。

(6) 労働者派遣事業の適正な運営の確保及び派遣労働者の保護等に関する法律（労働者派遣法）

□ いわゆる労働者派遣法（労働者派遣事業の適正な運営の確保及び派遣労働者の保護等に関する法律）に関する次の記述のうち、最も不適切なものはどれか。 (R3-10)

① 同一の事業所で3年を超えて労働者派遣の役務の提供を継続して受け入れる場合には、派遣先事業所の労働者の過半数で組織する労働組合、又はそれがないときには労働者の過半数を代表する者の意見を聴かなければならない。

② 60歳以上の定年による退職者を除き、自社で直接雇用していた正社員、契約社員、アルバイトを、離職後1年以内に派遣元事業主を介して派遣労働者として受け入れることは禁止されている。

③ 派遣先は、派遣労働者に対し派遣先事業所の労使協定の範囲内で時間外労働や休日労働を行わせることができる。

④ 派遣先は、派遣先の労働者が利用する給食施設、休憩室、更衣室については、派遣労働者に対しても利用の機会を与えなければならない。

⑤ 派遣先は、労働者派遣契約を締結するに当たり、あらかじめ派遣元事業主に対し、派遣労働者が従事する業務ごとに、比較対象労働者の賃金等の待遇に関する情報を提供しなければならない。

【解答】 ③

【解説】①同法第40条の二第4項で選択肢文の内容が規定されているので、適切な記述である。

②同法第40条の九第1項で選択肢文の内容が規定されているので、適切な記述である。

③派遣労働者に対し時間外労働や休日労働を行わせる場合には、<u>派遣元の事業場で締結・届出された36協定が必要</u>となるので、不適切な記述である。

④同法第40条第3項で選択肢文の内容が規定されているので、適切な

記述である。

⑤同法第26条第7項で選択肢文の内容が規定されているので、適切な記述である。

(7) 賃金管理

□　最低賃金法に基づく労働者の最低賃金制度に関する次の記述のうち、最も適切なものはどれか。　　　　　　　　　　　　　　　　　　　　　(H29－15)

①　最低賃金には都道府県ごとに定められた地域別最低賃金の他に、特定の企業に対して個別に設定された特定最低賃金がある。

②　平成28年度に改定された地域別最低賃金額は、全国加重平均額では大幅な引き上げとなったが、据え置き・引き下げとなった都道府県もある。

③　地域別最低賃金は、パートタイマー、アルバイト、臨時、嘱託などの雇用形態や呼称にかかわらず、当該都道府県内の事業場で働くすべての労働者に適用される。

④　労働者と使用者の双方が合意している場合は、使用者が支払う金額が定められた最低賃金額以下であってもかまわない。

⑤　派遣労働者には、派遣元の事業場がある都道府県の最低賃金が適用される。

【解答】　③

【解説】①地域別最低賃金は都道府県ごとに定められるが、特定最低賃金は、<u>特定の産業に対して設定</u>されている最低賃金であるので、不適切な記述である。

②平成28年度の地域別最低賃金額は全国加重平均で約3%と、それ以前に比べると大幅な引き上げとなっており、据え置きや引き下げとなった都道府県はないので、不適切な記述である。

③最低賃金法に示される労働者とは、同法第2条第1号で、労働基準法第9条に示される「職業の種類を問わず、事業又は事務所に使用

される者で、賃金を支払われる者をいう。」と定義されているので、地域別最低賃金は、当該都道府県内の事業場で働くすべての労働者に適用される。よって、適切な記述である。

④最低賃金法第4条第1項で、「使用者は、最低賃金の適用を受ける労働者に対し、その最低賃金額以上の賃金を支払わなければならない。」と規定されており、同条第2項で「最低賃金の適用を受ける労働者と使用者との間の<u>労働契約で最低賃金額に達しない賃金を定めるものは、その部分については無効とする</u>。この場合において、無効となった部分は、最低賃金と同様の定をしたものとみなす。」と規定されているので、不適切な記述である。

⑤最低賃金法第13条で、「派遣中の労働者については、その<u>派遣先の事業の事業場の所在地を含む地域</u>について決定された地域別最低賃金において定める最低賃金額により第4条（最低賃金の効力）の規定を適用する。」と規定されているので、不適切な記述である。

□　賃金管理に関連する次の式の、（ア）、（イ）に入る用語の組合せとして最も適切なものはどれか。　　　　　　　　　　　　　　　（H27－12）

（ア）　＝　賃金総額／付加価値額

（イ）　＝　付加価値額／従業員数

	（ア）	（イ）
①	労働分配率	労働生産性
②	労働生産性	労務費率
③	労働分配率	労務費率
④	労務費率	労働生産性
⑤	労務費率	労働分配率

【解答】　①

【解説】ここでは、労働分配率、労働生産性、労務費率が選択肢として使われている。

労働分配率は、企業が生み出した付加価値額のうちで労働に分配さ

れる額（＝賃金総額）の割合をいうので、式にすると（ア）になる。

労働生産性は、就業者1人当たりが働いて生み出した付加価値額の割合であるので、式にすると（イ）なる。

製造や生産のために使われた費用を労務費というが、その労務費を売上高で割ったものを「労務費率」というので、式にすると次のようになる。この式は問題文にはない。

労務費率＝労務費／売上高

したがって、労働分配率－労働生産性となるので、①が正解である。

なお、平成21年度試験において、類似の問題が出題されている。

(8) 働き方改革

□　企業経営におけるダイバーシティ・マネジメントとは、性別、人種、雇用形態などが異なる多様な人材を適材適所で活用することとされている。ダイバーシティ・マネジメントに関する次の記述のうち、最も不適切なものはどれか。　　　　　　　　　　　　　　　（R2－12）

①　ダイバーシティ・マネジメントは企業内の差別の解消や人権の確立と密接な関係がある。

②　ダイバーシティ・マネジメントの推進に当たっては、売上高等の業績に関する指標や生産性に関する指標などと連関させることは避けるべきである。

③　ダイバーシティ・マネジメントは、労働力の量的な確保だけでなく質的確保という面からも重要である。

④　ワークライフバランスを重視し働き方改革を進めることは、ダイバーシティ・マネジメントを推進する上で重要な施策である。

⑤　人材の多様化により個人の評価を丁寧に行うことが必要となり、人材のきめ細かい評価と効果的な活用が行われることにつながる。

【解答】　②

【解説】①多様な人材を定着させ適材適所で活用していくためには、企業内の

差別の解消や人権の確立は不可欠であるので、適切な記述である。

②多様な人材が自分の評価に対して不満を持たないようにするために
は、その職場が目指している目標に対する指標と連関した明確な評
価指標を示すことが必要であるので、不適切な記述である。

③少子高齢化社会において、多様な人材を活用し組織力を高めてい く
ために、ダイバーシティ・マネジメントは人材の量的な面でも重要
であるが、質的な面でも重要となるので、適切な記述である。

④多様な人材を活用するためには雇用形態に配慮する必要があるため、
仕事と生活の調和を目指しているワークライフバランスを重視する
必要があるので、適切な記述である。

⑤人材が多様化していくと、メンバーの価値観も多様化していくので、
個人の評価の方法にも工夫が必要となる。よって、適切な記述であ
る。

□　平成30年7月に公布された働き方改革を推進するための関係法律の整
備に関する法律に関する以下の記述のうち、最も不適切なものはどれか。

(R1－10)

①　時間外労働の上限が罰則付きで法律に規定され、法違反の有無は所
定外労働時間の超過時間で判断される。

②　使用者は、10日以上の年次有給休暇が付与される労働者に対し、
そのうち5日について、基準日から1年以内の期間に労働者ごとに、
時季を指定して与えなければならない。

③　使用者には労働者の労働時間を適切に把握する責務があり、労働時
間の状況の把握は、タイムカードによる記録、PC等の使用時間の記録
等の客観的な方法や使用者による現認が原則となっている。

④　事業主は、前日の終業時刻と翌日の始業時刻の間に一定時間の休息
の確保に努めなければならない。

⑤　産業医を選任した事業者は、産業医に対し産業保健業務を適切に行
うために労働者の労働時間その他必要な情報を提供しなければならな
い。

【解答】 ①

【解説】①法違反の有無は、所定外労働時間の超過時間ではなく、法定外労働時間（1日8時間、週40時間）の超過時間で判断されるので、不適切な記述である。なお、所定外労働時間とは、就業規則によって定められた労働時間を超過した時間をいう。

②労働基準法第39条第1項で、「使用者は、その雇入れの日から起算して6箇月間継続勤務し全労働日の8割以上出勤した労働者に対して、継続し、又は分割した10労働日の有給休暇を与えなければならない。」と規定されており、同条第7項で、「使用者は、第1項から第3項までの規定による有給休暇の日数のうち5日については、基準日から1年以内の期間に、労働者ごとにその時季を定めることにより与えなければならない。」と規定されているので、適切な記述である。

③労働安全衛生法第66条の八の三で、「事業者は、第66条の八第1項又は前条第1項の規定による面接指導を実施するため、厚生労働省令で定める方法により、労働者の労働時間の状況を把握しなければならない。」と規定されており、厚生労働省が策定した「労働時間の適正な把握のために使用者が講ずべき措置に関するガイドライン」の第4項（2）で「使用者が、自ら現認することにより確認し、適正に記録すること」と「タイムカード、ICカード、パソコンの使用時間の記録等の客観的な記録を基礎として確認し、適正に記録すること」が示されているので、適切な記述である。

④労働時間等の設定の改善に関する特別措置法第2条第1項で、「事業主は、その雇用する労働者の労働時間等の設定の改善を図るため、業務の繁閑に応じた労働者の始業及び終業の時刻の設定、健康及び福祉を確保するために必要な終業から始業までの時間の設定、年次有給休暇を取得しやすい環境の整備その他の必要な措置を講ずるように努めなければならない。」と規定されているので、適切な記述である。

⑤労働安全衛生法第13条第4項で、「産業医を選任した事業者は、産

業医に対し、厚生労働省令で定めるところにより、労働者の労働時間に関する情報その他の産業医が労働者の健康管理等を適切に行うために必要な情報として厚生労働省令で定めるものを提供しなければならない。」と規定されているので、適切な記述である。

□　ワーク・ライフ・バランス（仕事と生活の調和）に関する法律や制度に関する次の記述のうち、最も不適切なものはどれか。　　（H30-12）

①　次世代育成支援対策推進法では、行動計画を策定した企業のうち、一定の基準を満たした企業は、子育てサポート企業として厚生労働大臣の認定を受けることができる。

②　いわゆる育児・介護休業法では、要介護状態にある家族を労働者が介護するため、対象家族1人につき一定日数までの介護休業を、分割して取得することができる。

③　いわゆる若者雇用促進法では、若者の雇用管理の状況などが優良な、一定の基準を満たした企業は、厚生労働大臣の認定を受けることができる。

④　いわゆる男女雇用機会均等法では、職場に事実上生じている男女間の格差を是正するために、募集・採用や配置・昇進で男性又は女性を有利に取り扱う措置を講じることができる。

⑤　いわゆる女性活躍推進法では、行動計画を策定した企業のうち、一定の基準を満たした優良な企業は、厚生労働大臣の認定を受けることができる。

【解答】　④

【解説】①次世代育成支援対策推進法第12条で「一般事業主行動計画の策定等」が規定されている。また、第13条で、「基準に適合する一般事業主の認定」が規定されており、第12条の一般事業主行動計画を策定した一般事業主のうちで、厚生労働省令で定める基準に適合するものは認定が受けられるので、適切な記述である。

②育児・介護休業法第3章では、「介護休業」が規定されており、第

11条第2項に申出をすることができない条件として、「当該対象家族について介護休業をした日数が93日に達している場合」と「3回の介護休業をした場合」とされている。よって、その条件を満たしていない場合には分割して取得できるので、適切な記述である。

③若者雇用促進法第15条で、「基準に適合する事業主の認定」が規定されており、「厚生労働大臣は、(中略) その実施状況が優良なものであることその他の厚生労働省令で定める基準に適合するものである旨の認定を行うことができる。」と規定されているので、適切な記述である。

④男女雇用機会均等法第8条で、「事業主が、雇用の分野における男女の均等な機会及び待遇の確保の支障となっている事情を改善することを目的として<u>女性労働者に関して行う措置</u>を講ずることを妨げるものではない。」と規定されており、女性に有利な取り扱いに限定されているので、不適切な記述である。

⑤女性活躍推進法第8条で「一般事業主行動計画の策定等」が規定されている。また、第9条で、「基準に適合する一般事業主の認定」が規定されており、第8条の一般事業主行動計画を策定した一般事業主のうちで、女性の職業生活における活躍の推進に関する取組に関し、当該取組の実施の状況が優良なものであることその他の厚生労働省令で定める基準に適合するものである旨の認定が受けられるので、適切な記述である。

(9) 健康経営

□　職場におけるセクシャルハラスメントについて政府が策定した指針 (事業主が職場における性的な言動に起因する問題に関して雇用管理上講ずべき措置等についての指針) に関する次の記述のうち、最も不適切なものはどれか。　　　　　　　　　　　　　　　　　(R3-12)

①　事業主が講ずべき措置とは、職場におけるセクシャルハラスメントに関する方針の明確化及びその周知・啓発、相談に応じ、適切に対応

するために必要な体制の整備、事後の迅速かつ適切な対応等である。

② 職場において行われる労働者の意に反する性的な言動に対する労働者の対応により、その労働者が解雇、降格、減給等の不利益を受けることを環境型セクシャルハラスメントという。

③ 事業主が講ずる措置の対象となる職場とは、事業主が雇用する労働者が業務を遂行する場所を指し、通常就業している場所以外であっても、労働者が業務を遂行する場所であれば職場に含まれる。

④ 事業主が講ずる措置の対象となる労働者には、非正規雇用労働者を含む事業主が雇用する労働者の全てのほか、その職場を派遣先とする派遣労働者も含まれる。

⑤ 職場におけるセクシャルハラスメントの行為者には、事業主、上司、同僚に限らず、取引先等の他の事業主又はその雇用する労働者、顧客もなり得る。

【解答】　②

【解説】①同指針の第4項に選択肢文の内容が示されているので、適切な記述である。

②同指針の第2項（1）で、「職場において行われる性的な言動に対する労働者の対応により当該労働者がその労働条件につき不利益を受けるものを対価型セクシュアルハラスメントという」と示しているので、不適切な記述である。なお、環境型セクシュアルハラスメントは、「当該性的な言動により労働者の就業環境が害されるもの」と示している。

③同指針の第2項（2）に選択肢文の内容が示されているので、適切な記述である。

④同指針の第2項（3）に選択肢文の内容が示されているので、適切な記述である。

⑤同指針の第2項（4）に選択肢文の内容が示されているので、適切な記述である。

□ 労働者（高度プロフェッショナル制度適用者、研究開発業務従事者を除く）のメンタルヘルスケアやストレスチェックに関する次の記述のうち、最も不適切なものはどれか。 (R2－10)

① 衛生委員会の設置が義務付けられている事業場においては、労働者の精神的健康の保持増進を図るための対策の樹立について、衛生委員会が調査審議を行う。

② 産業医の選任が義務付けられていない事業場においては、労働者へのストレスチェックは努力義務である。

③ 事業者は、法定労働時間を超えて労働した時間が月80時間を超えた労働者に対して、その超えた時間に関する情報を当該労働者に通知しなければならない。

④ 高ストレス者を選定するための選定基準は、医師等のストレスチェック実施者の意見等を踏まえ事業者が決定する。

⑤ 事業者は、ストレスチェックでは面接指導対象者として選定されなかった労働者に対しても、面接指導の申出に応じる義務がある。

【解答】 ⑤

【解説】 ①労働安全衛生法第18条に「事業者は、政令で定める規模の事業場ごとに、次の事項を調査審議させ、事業者に対し意見を述べさせるため、衛生委員会を設けなければならない。」と規定されており、第1号に「労働者の健康障害を防止するための基本となるべき対策に関すること。」が挙げられているので、適切な記述である。

②労働安全衛生法第66条の十で、「事業者は、労働者に対し、厚生労働省令で定めるところにより、医師、保健師その他の厚生労働省令で定める者による心理的な負担の程度を把握するための検査を行わなければならない。」と規定されており、一定規模以上とは、労働安全衛生法施行令第5条で、50人以上とされている。従業員50人以上の事業場についてはストレスチェックが義務付けられているが、それ以外の事業場については、当面の間、ストレスチェックは努力

義務となっているので、適切な記述である。

③労働安全衛生規則第52条の二第1項で、「一月当たり80時間を超え、かつ、疲労の蓄積が認められる者」が『面接指導の対象となる労働者の要件』として定められており、同条第3項で、「80時間を超えた労働者に対し、当該労働者に係る当該超えた時間に関する情報を通知しなければならない。」と規定されているので、適切な記述である。

④「労働安全衛生法に基づく　ストレスチェック制度　実施マニュアル高ストレス者を選定するための選定基準」（厚生労働省）によると、実施者である医師の提案・助言、衛生委員会による調査審議を経て、事業者が決定すると示されているので、適切な記述である。

⑤労働安全衛生法第66条の八では、「労働時間の状況その他の事項が労働者の健康の保持を考慮して厚生労働省令で定める要件に該当する労働者に対し、厚生労働省令で定めるところにより、医師による面接指導を行わなければならない。」と規定されているが、選定されなかった労働者に対しては義務付けられているわけではないので、不適切な記述である。

なお、平成21年度、平成25年度および平成27年度試験において、類似の問題が出題されている。

□　職場のパワーハラスメントに関する次の記述のうち、最も不適切なものはどれか。以下、個別労働関係紛争の解決の促進に関する法律を「個別労働紛争解決促進法」といい、雇用の分野における男女の均等な機会及び待遇の確保等に関する法律を「男女雇用機会均等法」という。

(R1 - 12)

①　職場のパワーハラスメントには、上司から部下に行われるものだけでなく、先輩・後輩間などの様々な優位性を背景に行われるものも含まれる。

②　個人の受け取り方によっては、業務上必要な指示や注意・指導を不満に感じたりする場合でも、これらが業務上の適正な範囲で行われている場合には、職場のパワーハラスメントには当たらない。

③　職場のパワーハラスメントの行為類型として、身体的な攻撃、精神的な攻撃、人間関係からの切り離し、過大な要求、過小な要求などがある。

④　職場のパワーハラスメントに関する紛争の解決方法については、個別労働紛争解決促進法に基づく紛争調整委員会によるあっせん制度等がある。

⑤　職場のパワーハラスメントについては、事業主に雇用管理上必要な措置を講ずることが男女雇用機会均等法において義務付けられている。

【解答】　⑤

【解説】①厚生労働省は「職場のパワーハラスメント」を「同じ職場で働く者に対して、職務上の地位や人間関係などの職場内での優位性を背景に、業務の適正な範囲を超えて、精神的・身体的苦痛を与えるまたは職場環境を悪化させる行為」と定義しているので、適切な記述である。

②厚生労働省は、業務上必要かつ相当な範囲内の言動は、職場のパワーハラスメントには当たらないと説明しているので、適切な記述である。

③厚生労働省は、パワーハラスメントの類型として選択肢文に示されている内容を挙げているので、適切な記述である。

④個別労働関係紛争の解決の促進に関する法律の目的は、「労働条件その他労働関係に関する事項についての個々の労働者と事業主との間の紛争について、あっせんの制度を設けること等により、その実情に即した迅速かつ適正な解決を図ること」となっており、職場のパワーハラスメントに関する紛争の解決方法としても用いられるので、適切な記述である。

⑤職場のパワーハラスメントについては、直接規制する法律がなかったので、労働施策総合推進法が2020年6月に施行された。よって、不適切な記述である。なお、男女雇用機会均等法では、第11条でセクシャルハラスメントに対する事業者への義務が規定されている。なお、平成28年度試験において、類似の問題が出題されている。

3.　人材活用計画

(1)　人間関係管理と雇用管理

□　企業の人事管理、賃金管理等に対する考え方は、欧米諸国に代表される「仕事」に「人」を当てはめるいわゆる「ジョブ型」（職務主義）と、日本に代表される「人」を中心に管理し「人」と「仕事」の結びつきはできるだけ自由に変えられるようにしておくいわゆる「メンバーシップ型」（属人主義）がある。次の記述のうち、それぞれの型とその特徴の組合せとして最も不適切なものはどれか。　　　　　　　　（H30－10）

①　「ジョブ型」：採用は、欠員の補充などの必要な時に、必要な数だけ行う。

②　「ジョブ型」：職務への配置に当たって重要なのは、個々の仕事の能力より、仕事の中でスキルが上がっていく潜在能力である。

③　「ジョブ型」：職種別に賃金が決まっており、年齢、家族構成などは賃金に反映されない。

④　「メンバーシップ型」：定期的な人事異動があり、勤務地が変わる転勤も広範に行われる。

⑤　「メンバーシップ型」：仕事に関する教育訓練は、公的教育訓練よりOJT などの社内教育訓練が中心である。

【解答】　②

【解説】①「ジョブ型」は「仕事」に「人」を当てはめるので、採用は、欠員の補充などの必要な時に、必要な数だけ行う。よって、適切な記述である。

②「ジョブ型」は「仕事」に「人」を当てはめるので、配置に当たっ

て重要なのは顕在能力である。よって、不適切な記述である。

③「ジョブ型」は担当する「仕事」の内容が決まっているので、その職種で賃金が決められている。よって、適切な記述である。

④「メンバーシップ型」は、職務や勤務地、労働時間などが限定されない雇用契約であるので、適切な記述である。

⑤「メンバーシップ型」では「人」を中心に管理するので、教育訓練は配置された職場におけるOJT教育が中心となる。よって、適切な記述である。

□ 我が国の社員格付制度としての職能資格制度、職務等級制度、役割等級制度の設計原理に関する次の記述のうち、最も不適切なものはどれか。

(H29 - 13)

① 職能資格制度は、職位と資格の二重のヒエラルキーを昇進構造に持ち、職位が上がっても資格が変わらなければ報酬の基本部分に変化はない。

② 職務等級制度は、職務の価値を評価・決定し、等級を設定して昇進や賃金設定などの基準とするシステムで、上位職務に異動したときや職務が上位等級に再評価されたときに昇級する。

③ 役割等級制度は、職能資格制度と職務等級制度のそれぞれの課題に対応した新しい社員格付制度として普及しつつある。

④ 職能資格制度は、職務等級制度に比べ、年功的処遇が避けられ、担当する仕事に見合った報酬を提供できるが、人事異動の制約が大きい。

⑤ 職務等級制度が評価する能力は顕在能力であるのに対し、職能資格制度はこれに加えて潜在能力も評価することにより能力開発へのインセンティブを与える。

【解答】 ④

【解説】①職能資格制度は、職位と資格（ランク）という二重のヒエラルキーを昇進構造に持った制度である。報酬の基本部分は資格（ランク）にあるため、職位が上がっても、資格（ランク）が変わらなければ報酬の基本部分は変わらないので、適切な記述である。

②職務等級制度は、職務を必要なスキルや責任、業務の難易度で評価・決定して、等級を設定して昇進や賃金を設定する基準とする。評価は顕在能力で行われるが、上位職務や上位等級になった際に昇級するので、適切な記述である。

③役割等級制度は、職能資格制度と職務等級制度の双方を取り込んだ制度で、役割の大きさに応じて等級（役割等級）を設定して、その役割を担当する社員の格付を行う。同一役割・同一賃金が基本となり、年齢や経験にとらわれずに、難度と期待度で報酬が決定されるので、普及してきている。よって、適切な記述である。

④職能資格制度は、職位と資格（ランク）という二重のヒエラルキーを昇進構造に持った制度であるので、顕在能力だけで評価が行われる「職務等級制度」に比べて、年功的な処遇部分がある。よって、不適切な記述である。

⑤職務等級制度の評価は顕在能力で行われるのに対して、職能資格制度の場合には、評価対象者の顕在能力だけではなく、潜在能力も評価するので、能力開発のインセンティブを与える結果になる。よって、適切な記述である。

なお、平成27年度および平成28年度試験において、「人間関係管理と雇用管理」に関する問題が出題されている。

(2) 労働経済動向

☐　マクロ経済ベースでの我が国の労働分配率及び労働生産性に関する次の記述のうち、最も適切なものはどれか。なお「G7サミット参加国」とは、アメリカ、イギリス、ドイツ、フランス、日本、カナダ及びイタリアをいう。　　　　　　　　　　　　　　　　　　　　　　　　（R3－14）

①　労働分配率は、景気拡大局面においては低下し、景気後退局面においては上昇するという特徴がある。

②　2000年以降の資本金規模別にみた労働分配率の比較では、「資本金1千万円以上1億円未満の企業」は、「資本金10億円以上の企業」に

比べ、労働分配率が低い。

③ 2019年度における国民所得に占める雇用者報酬の比率は、50％を下回っている。

④ 2018年における主要産業の労働生産性の比較では、「宿泊・飲食サービス業」は「製造業」より高い。

⑤ G7サミット参加国における2019年の一人当たりの名目GDPの比較では、日本は高い方から2番目である。

【解答】 ①

【解説】①労働分配率＝人件費÷付加価値額×100であるが、景気拡大局面には付加価値が拡大し人件費の伸びを上回るので、労働分配率は低下する。逆に、景気後退局面では付加価値額が低下するが、企業は雇用を維持するので、労働分配率は上昇する。よって、適切な記述である。

②労働分配率は、「資本金1千万円以上1億円未満の企業」では80％程度であるのに対して、「資本金10億円以上の企業」では60％程度であるので、不適切な記述である。

③国民所得に占める雇用者報酬の比率は70％程度であるので、不適切な記述である。

④2018年における主要産業の労働生産性の比較では、「宿泊・飲食サービス業」は「製造業」の半分程度と低いので、不適切な記述である。

⑤高い方から並べると、アメリカ、カナダ、ドイツ、イギリス、フランス、日本、イタリアであるので、不適切な記述である。

なお、平成27年度試験において、「労働分配率と労働生産性」に関する問題が出題されている。

□ 「平成29年版　労働経済の分析」（労働経済白書）における我が国の就労状況に関する次の記述のうち、最も適切なものはどれか。

(H30－14)

① 平成28年の正規雇用労働者数は、前年に比べ減少している。

② 平成28年の男女別就業率をリーマンショック前の平成19年と比較すると、55歳以上では男女とも就業率が上昇している。一方、25～54歳の就業率は男性では上昇し、女性では低下している。

③ 65歳以上の高齢者の就業状況に着目すると、平成28年の非正規雇用者数は前年に比べ増加しているものの正規雇用者数は減少している。

④ 日本で働く外国人の労働者については、これまで増加傾向がみられていたが、平成27年以降は減少傾向に転じている。

⑤ 障害者の雇用者数は、平成28年まで10年以上連続で前年を上回り過去最高を更新している。

【解答】　⑤

【解説】　①平成28年の正規雇用労働者数は3,367万人で、前年（3,317万人）に比べ50万人増加しているので、不適切な記述である。

②平成28年の男女別就業率をリーマンショック前と比較すると、55歳以上では男女とも就業率が上昇している。また、25～54歳の男性の就業率は低下し、女性の就業率はすべての年齢階層で上昇しているので、不適切な記述である。

③平成28年の65歳以上の高齢者の就業者数は、非正規雇用者数だけでなく正規雇用者数も、前年に比べ増加しているので、不適切な記述である。

④日本で働く外国人の労働者は、平成28年に108万人で、前年比で19.4％増加しているので、不適切な記述である。

⑤障害者の雇用者数は、平成28年6月現在47万人で、13年連続で前年を上回り過去最高となっているので、適切な記述である。

なお、平成28年度試験において、その年度の「労働経済の分析」のデータを使った問題が出題されており、平成29年度試験において、「労働力調査」に関する問題が出題されている。

4. 人 材 開 発

（1） 人事考課管理

□　人事評価に関し、様々なバイアスに起因する評価誤差の問題があると
言われている。これに関する次の記述のうち、最も不適切なものはどれ
か。　　　　　　　　　　　　　　　　　　　　　　　　　　　（R1－13）

① 　ある人に1つ優れた点があると、ほかの点も優れて見えてしまうこ
とがある。これを防ぐため、評価者は被評価者に対する先入観を捨て
ること、事実に基づく評価を行うこと等が重要である。

② 　評価者が被評価者には悪い点をつけたくない、被評価者からよく思
われたいと考える場合等には、実際以上に高く評価してしまいがちで
ある。これを防ぐため、評価者は具体的事実や評価要素に沿った評価
を行い、私的感情の除去に努めること等が重要である。

③ 　被評価者に対して冷静な分析がなされていない場合や評価基準があ
いまいである場合には、評価が標準レベルに集中する傾向がある。こ
れを防ぐため、組織は評価者に対して人事評価の目的、仕組み、評価
要素、評価の方法等を徹底すること等が重要である。

④ 　各評価項目について、評価者が自身で被評価者の業務を行ったとし
た場合の想定される実績と被評価者の実際の実績との対比に基づく評
価を行うことにより、評価誤差の低減に貢献できる。

⑤ 　多面評価は、直接の上司だけでなく同僚、後輩、一緒に仕事をした
他部門の社員、顧客等からの評価を考慮することであり、評価誤差の
低減に貢献できる。

【解答】　④

【解説】①被評価者に特に優れた点や劣った点などがあると、「ハロー効果」という評価誤差が生じるので、被評価者に対する先入観を捨て、事実に基づく評価を行うこと等が重要である。よって、適切な記述である。

②被評価者に対する印象や人間関係を重視すると「寛大化傾向」が生じて、実際以上に高く評価してしまいがちであるので、私的感情の除去に努めることが重要である。よって、適切な記述である。

③冷静な分析がなされていない場合や評価基準があいまいである場合には、無難な評価で済ませる結果になり、評価結果が中間値に集中する「中心化傾向」を示すので、適切な記述である。

④評価者が自分の能力との対比で評価を行うと、評価者の得意分野か不得意分野かによって、厳しく評価したり甘く評価したりする「対比誤差」という評価誤差が生じるので、不適切な記述である。

⑤多面評価は、選択肢文に示されたような対象者と関係性が異なる複数の評価者に評価を行ってもらうことで、評価誤差の低減を図る方法であるので、適切な記述である。

なお、平成22年度、平成23年度、平成25年度、平成27年度および平成28年度試験において、類似の問題が出題されている。

□　人事評価の制度設計に関する次の記述のうち、最も不適切なものはどれか。
　　　　　　　　　　　　　　　　　　　　　　　　　　　　　（H30－15）

①　人事評価を絶対評価で行う場合、評価要素が本来従業員の働きぶりを示すものとしては不適切な内容を含んでいたり、評価要素が細分化され評価項目数が多くなり過ぎてしまったりして、正確な評価ができないことがある。

②　人事評価を相対評価で行う場合、グループ内での相対的順位や位置づけを考慮するため、評価対象者の評価に他者の結果が影響する。また比較対象となるグループのメンバー次第で、評価対象者の相対的位置が上下してしまうことがある。

③　評価の信頼性を高めるためには評価者訓練が効果的である。評価者

訓練においては、評価を行う意義と目的をしっかりと説明する必要が
あり、また、評価の際に介入しやすいバイアスの存在を知らせること
も大切である。

④　人事評価の評価分野には、能力評価、情意評価、成果評価などがあ
り、それぞれ従業員のランク別に評価基準を設定する。一般的に、上
位ランクになるほど能力評価や情意評価が、成果評価より重視される。

⑤　目標管理による評価制度では、一般的に、会社の経営戦略や経営方
針が示された後、各部門の管理者が部門ごとの方針、目標などを決定
し、その後に個人の目標を設定する、というように上位組織から順に
目標が決定される。

【解答】　④

【解説】①絶対評価は、部門などの単位で評価基準が作成されるが、項目の中
には抽象的であったり、不適切な内容を含んでいたりする場合もあ
る。また、評価項目が多くなりすぎて、評価者がすべての項目を適
切に評価できない場合もあるので、適切な記述である。

②相対評価の場合には、評価対象となるグループのメンバーの全体的
なレベルによって、ある個人の相対的な評価位置が高くなったり低
くなったりする場合もあるので、適切な記述である。

③評価者が適切な評価を行えないと、被評価者に不満が生じるので、
それを避けるためには評価者訓練が効果的である。評価者訓練にお
いては、評価の意義や目的だけでなく、評価の際に評価者に生じや
すい先入観などのバイアスの存在を知らせることも重要であるので、
適切な記述である。

④人事評価の評価分野には、能力評価、情意（姿勢）評価、成果（業
績）評価などがあるが、一般的に、上位ランクになるほど成果評価
が重視されるので、不適切な記述である。

⑤目標管理による評価制度は、基本的に会社の経営戦略や経営方針に
沿ったものである必要があるので、それらを部門ごとの方針や目標
に落としたのちに、個人の目標が設定されるので、適切な記述であ

る。

なお、平成29年度試験において、類似の問題が出題されている。

(2) 人的資源開発

□　メンター制度（社員の間に計画的にメンターとメンティのペアをつく
りメンタリングを行う制度）を企業が導入する場合、次の記述のうち最
も適切なものはどれか。　　　　　　　　　　　　　　　　(R3-15)

①　メンタリング開始に当たり、メンターに対し実施方法に関する事前
研修を行い、メンティに対しては事前研修を行わないことが一般的で
ある。

②　メンターは、メンティの直属のラインであることが望ましい。

③　メンタリングは、原則として就業時間外に行う。

④　メンター制度を導入することにより、女性の活躍推進を促す効果も
期待される。

⑤　メンターは、メンタリングで話し合われた内容を人事担当部局に報
告することが望ましい。

【解答】　④

【解説】厚生労働省の事業である「メンター制度導入・ロールモデル普及マ
ニュアル」の内容を基に判断を行うと次のようになる。

①「実施計画の進め方（例）」で、メンターとメンティに対して事前の
研修会を開催すると示しているので、不適切な記述である。

②1-2項で、メンター制度は斜めからの支援といわれており、基本的
にメンターは異なる職場の先輩社員がなるとしているので、不適切
な記述である。

③A-2項で、「メンター制度は社内制度の1つであることから、メン
タリングも就業時間内に行うことが基本となる」と示しているので、
不適切な記述である。

④同マニュアルのタイトル前に「女性社員の活躍を推進するための」

という前書きがあるので、適切な記述である。

⑤A－3項で、メンタリングで話し合われた内容を口外しないという<u>ルール</u>があるとしているので、不適切な記述である。

□　次の（ア）～（エ）に示す教育訓練の目的と、（A）～（D）に示す教育訓練技法の組合せのうち、最も適切なものはどれか。　（R1－15）

教育訓練の目的

（ア）知識・事実の習得

（イ）態度変容、意識改革

（ウ）問題解決力・意思決定の向上

（エ）創造性開発

教育訓練技法

（A）討議法、ロール・プレイング

（B）ブレインストーミング、イメージ・トレーニング

（C）ケース・スタディ、ビジネス・ゲーム

（D）講義法、見学

	（ア）	（イ）	（ウ）	（エ）
①	D	A	C	B
②	A	D	C	B
③	D	B	A	C
④	D	A	B	C
⑤	C	B	A	D

【解答】　①

【解説】（ア）知識の習得には、一般的に講義法が用いられる。また、「百聞は一見にしかず」ということわざのとおり、事実の習得方法に見学があるので、Dが適切である。

（イ）態度変容、意識改革には、さまざまな人々との討議や役割を想定したロール・プレイングが効果的であるので、Aが適切である。

（ウ）問題解決力・意思決定の向上には、さまざまなケース・スタディ

95

やビジネス・ゲームの経験などが効果をもたらすので、Cが適切である。

（エ）創造性を開発するための集団的思考技術の 1 つとしてブレインストーミング法があり、イメージ・トレーニングによって対処法などを事前に考えておくことも創造性開発になるので、Bが適切である。

したがって、D－A－C－Bとなるので、①が正解である。

なお、平成 21 年度、平成 22 年度、平成 25 年度および平成 26 年度試験において、類似の問題が出題されている。

□　ジョブローテーションに関する次の記述のうち、最も適切なものはどれか。　　　　　　　　　　　　　　　　　　　　　　　（R2－13）

①　長期雇用を前提とする正職員よりも有期雇用の職員に対しての適用性が高い。

②　職員の適性を重視して異動先を決めるシステムであるため、異動先の部署は適材適所の人材を得ることができる。

③　特定分野の専門家などの、スペシャリストを育成するために適している。

④　職務給制度を採用する企業においては導入が容易である。

⑤　職員の、組織全体の業務に対する理解促進、環境変化への適応力向上などの効果が期待できる。

【解答】　⑤

【解説】①ジョブローテーションは、長期雇用を前提とした組織で人材育成を目的とした定期的な人事異動制度であるので、不適切な記述である。

②ジョブローテーションは、一人の人材にさまざまな職場を経験させる制度であるため、常に適材適所となるとは限らないので、不適切な記述である。

③ジョブローテーションでは、複数の部署で業務を経験することで、会社全体の現状を理解できるようになるが、スペシャリストを育成するためのものではないので、不適切な記述である。

④職務給制度は仕事の難易度によって賃金が決まる制度であるので、さまざまな職場を経験させるジョブローテーションの目的とは合致しない。よって、不適切な記述である。

⑤ジョブローテーションでは、複数の部署で業務を経験することで、会社全体の現状を理解できるだけではなく、人材自身が職場環境が違う中で適応していく能力の向上も期待できるので、適切な記述である。

□　ある管理職が、次の（ア）〜（オ）のような部下の能力開発について検討を行っている。それぞれの部下が経験する能力開発手法の組合せで、最も適切なものはどれか。　　　　　　　　　　　　　　　　（R2－15）

（ア）A君は、仕事のやり方は概ね覚えたが、対人能力を高める必要があることから、当社と契約している教育機関のマンツーマントレーニングに参加させたい。

（イ）B君には、将来海外部門で幹部となってほしいことから、まずは海外支店に異動させ、支店長の指導の下で語学力向上も目指して海外業務を経験させたい。

（ウ）C君は、事務処理能力は優れているが、企画能力は十分ではないため、企画課に数か月預け、業務を手伝いながら学んでもらいたい。

（エ）D君は、週に一度職務時間外の英語講座に通いたいと話していた。彼ができるだけ参加できるよう、その曜日の残業は配慮したい。

（オ）E君には、問題解決能力を高めるために、ブレインストーミングの社内研修に参加してもらいたい。

	（ア）	（イ）	（ウ）	（エ）	（オ）
①	OFF-JT	OJT	OJT	自己啓発	OFF-JT
②	OJT	自己啓発	OJT	OFF-JT	OFF-JT
③	OFF-JT	自己啓発	OFF-JT	自己啓発	OJT
④	OJT	OFF-JT	OJT	OFF-JT	OFF-JT
⑤	自己啓発	OJT	OJT	OFF-JT	自己啓発

【解答】　①

【解説】（ア）職場外において外部の教育機関を使って行われる教育訓練であるので、「OFF−JT」が適切である。

（イ）実際の仕事を通して計画的に業務に必要な知識や経験、課題解決能力を従業員に身につけてもらう教育訓練であるので、「OJT」が適切である。

（ウ）期間限定ではあるが、実際の仕事を通して計画的に業務に必要な知識や経験、課題解決能力を従業員に身につけてもらう教育訓練であるので、「OJT」が適切である。

（エ）社員が自ら設定した目標を達成するために、職務時間外に自ら講座を受講するのは、「自己啓発」が適切である。

（オ）職場外での社内研修を通じて行われる教育訓練であるので、「OFF−JT」が適切である。

したがって、①が正解である。

なお、平成21年度、平成22年度、平成25年度、平成27年度、平成29年度および平成30年度試験において、類似の問題が出題されている。

（3）技能実習制度

□　いわゆる技能実習法（外国人の技能実習の適正な実施及び技能実習生の保護に関する法律）に基づく外国人技能実習制度に関する次の記述のうち、最も適切なものはどれか。　　　　　　　　　　　　　　　　（R2−14）

①　技能実習生を受け入れる企業は、実習生のグループ単位で技能実習計画を作成しなければならない。

②　技能実習生は、初年度に2か月間の講習を受講することをもって、2年度目以降の技能実習に進むことができる。

③　技能実習は、労働力の需給の調整の手段として行われてはならない。

④　技能実習生の賃金は、使用者と実習生が最低賃金法による最低賃金を下回る賃金で合意し労働契約を締結した場合は、合意した額とすることができる。

⑤　技能実習生は、日本国内において最長10年間の技能実習を受ける
　　ことが可能である。

【解答】　③

【解説】①同法第8条第1項で、技能実習生を受け入れる企業は、実習生ごと
　　　　に技能実習計画を作成しなければならないと規定されているので、
　　　　不適切な記述である。

　　　　②2年度の技能実習に進むには、基礎級の学科試験と実技試験に合格
　　　　する必要があるので、不適切な記述である。

　　　　③同法第3条第2項に選択肢文の内容が示されているので、適切な記
　　　　述である。

　　　　④同法第9条第9項で「技能実習生に対する報酬の額が日本人が従事
　　　　する場合の報酬の額と同等以上であること」と規定されているので、
　　　　不適切な記述である。

　　　　⑤期間は平成29年11月から最長5年とされたので、不適切な記述で
　　　　ある。

第3章

情 報 管 理

この章では、過去に択一式問題として出題された項目を、総合技術監理キーワード集の情報管理に示された項目の順番に合わせて示します。情報管理では、これまで情報分析、コミュニケーションと合意形成、知的財産権と情報の保護と活用、情報通信技術動向、情報セキュリティの問題が出題されています。

1. 情 報 分 析

□　下表は、収集した4,500個のデータに対し、陽性か陰性かを予測する
機械学習モデルによる予測結果を整理した混同行列とよばれるものであ
る。さらに20個のデータを追加し、同じモデルを用いて予測した結果、
追加したデータすべてを陽性と予測し、実際にはすべて陰性であった。
データを追加したことによる、このモデルの予測性能の変化に関する次
の記述のうち、最も適切なものはどれか。なお、本問における評価指標
については以下のとおりとする。　　　　　　　　　　　　　　（R3－17）

　　正解率：全データのうち、予測が正しかったデータの割合
　　適合率：予測が陽性であったデータのうち、実際に陽性であるデータ
　　　　　　の割合
　　再現率：実際は陽性であるデータのうち、予測も陽性であったデータ
　　　　　　の割合
　　F値　　：適合率と再現率の調和平均

表　混同行列

		予測（個）	
		陽性（Positive）	陰性（Negative）
実際（個）	陽性（Positive）	真陽性 30	偽陰性 20
	陰性（Negative）	偽陽性 70	真陰性 4,380

①　正解率、適合率、F値は小さくなり、再現率は変化しない。

②　正解率、適合率、再現率は小さくなり、F値は変化しない。

③　正解率、再現率、F値は小さくなり、適合率は変化しない。

④ 正解率、適合率は小さくなり、再現率、F値は変化しない。

⑤ すべての評価指標の値は小さくなる。

【解答】 ①

【解説】 追加データ20個は偽陽性であったので、問題の混同行列の偽陽性70が90となった。この数字を用いて、それぞれを計算すると次のようになる。

正解率：$\dfrac{4410}{4500} = 0.98$ ⇒ $\dfrac{4410}{4520} \fallingdotseq 0.976$：小さくなる。

適合率：$\dfrac{30}{100} = 0.3$ ⇒ $\dfrac{30}{120} = 0.25$：小さくなる。

再現率：$\dfrac{30}{50}$ ⇒ $\dfrac{30}{50}$：変化なし。

F値：$\dfrac{2}{\dfrac{100}{30} + \dfrac{50}{30}} = \dfrac{2}{\dfrac{15}{3}} = \dfrac{2}{5} = 0.4$ ⇒ $\dfrac{2}{\dfrac{120}{30} + \dfrac{50}{30}} = \dfrac{2}{\dfrac{17}{3}} = \dfrac{6}{17} \fallingdotseq 0.35$

：小さくなる。

したがって、①が正解である。

□ 統計分析に関する次の記述のうち、最も不適切なものはどれか。

(R3－21)

① 標本メディアンは、標本が十分大きければ、その中の非常に極端な値に影響されにくい推定量である。

② 相関分析は、分析者が変数間の因果関係を仮定し、説明変数が被説明変数に与える効果を分析するものである。

③ 最小二乗法は、線形回帰分析において2種類の変数の関係を示す当てはまりの良い直線を引く際などに用いられる。

④ 推定は、母集団から抽出したランダムサンプルに基づいて、その母集団を統計的に描写する手続である。

⑤ 統計的仮説検定は、帰無仮説を棄却して対立仮説を支持できるかうかを決定する手続である。

【解答】　②

【解説】①標本メディアン（標本中央値）は、標本を大小関係で並べた際の中央値であるため、標本が十分大きければ、その中の非常に極端な値に影響されにくいので、適切な記述である。

②相関分析は、2つ以上の変量の間で、一方が変化すると他の数値もそれに応じて変化する関係を統計的に分析する手法である。説明変数が被説明変数に与える効果を分析するのは回帰分析であるので、不適切な記述である。

③最小二乗法は、誤差の二乗の和を最小にすることで最も確からしい関係式を求める方法で、2変数の散布図の関係直線を引く線形回帰分析などに用いられるので、適切な記述である。

④統計分析において推定とは、一部の標本から母集団の平均や分散を確率的に予想することであるので、適切な記述である。

⑤統計的仮説検定は、普通の関係が成り立たないという仮説（帰無仮説）と、それを捨て去るに十分と考えられる確率の範囲を設定して検定する手続であるので、適切な記述である。

□　統計手法を適用した以下の事例の（ア）〜（エ）について、それぞれ用いられた手法の組合せとして、最も適切なものはどれか。（R2−20）

（ア）不規則変動が激しい時系列データの傾向を読みやすくするため、一定の期間ごとにずらしながら平均をとった。

（イ）時系列データの基準時点に対しての変化の大きさを読みやすくするため、基準時点の値を100とした相対値でデータを表した。

（ウ）2つの異なる変数 x、y の関係を見るため、横軸を x、縦軸を y とする散布図を描いた。

（エ）分析結果に基づいて変数 y の将来の値を予測するため、変数 x を用いて変数 y を表す予測式を求めた。

	（ア）	（イ）	（ウ）	（エ）
①	調和平均	指数化	因子分析	主成分分析
②	移動平均	指数化	因子分析	回帰分析
③	移動平均	正規化	相関分析	主成分分析
④	移動平均	指数化	相関分析	回帰分析
⑤	調和平均	正規化	因子分析	主成分分析

【解答】　④

【解説】（ア）不規則な変動が激しい時系列データの場合には傾向を掴みにくい
　　　　　ので、一定の期間ごとにずらしながら平均をとり、傾向を読みやす
　　　　　くする手法を用いるが、それは「移動平均」である。

　　　（イ）複数の時系列データがある場合に、特定の基準値を定めて、その
　　　　　他の数値が基準値からどの程度乖離しているかを比率で判断するよ
　　　　　うにするのは「指数化」である。

　　　（ウ）2つ以上の変量の間で、一方が変化すると他の数値もそれに応じ
　　　　　て変化する関係を統計的に分析する手法は「相関分析」である。

　　　（エ）結果となる数値と要因となる数値の関係を調べて、変数 x を用い
　　　　　て、変数 y を $y = f(x)$ の式に表すことは「回帰分析」である。

　　したがって、移動平均－指数化－相関分析－回帰分析となるので、④
が正解である。

□　試験を行ったところ、得点の度数分布は下表のようになった。この得点分布の平均値、中央値、第3四分位数の大小関係として、次のうち最も適切なものはどれか。　　　　　　　　　　　　　　　　　（R1－18）

表　得点の度数分布

得点	人数	累積人数
0点以上9点以下	2	2
10点以上19点以下	7	9
20点以上29点以下	9	18
30点以上39点以下	10	28
40点以上49点以下	13	41
50点以上59点以下	14	55
60点以上69点以下	19	74
70点以上79点以下	21	95
80点以上89点以下	51	146
90点以上100点以下	4	150

①　平均値＜中央値＜第3四分位数

②　第3四分位数＜中央値＜平均値

③　中央値＜平均値＜第3四分位数

④　第3四分位数＜平均値＜中央値

⑤　表の情報だけからでは大小関係が一意に決まらない。

【解答】　①

【解説】　平均値は、階級値＝（階級の下値＋階級の上値）／2を使って、それに度数値を掛けたものの和を出して、それを累積で割ったものであるので次の式で求められる。

$$平均値 = (4.5 \times 2 + 14.5 \times 7 + 24.5 \times 9 + 34.5 \times 10 + 44.5 \times 13$$
$$+ 54.5 \times 14 + 64.5 \times 19 + 74.5 \times 21 + 84.5 \times 51 + 95 \times 4) /$$
$$150 = 9497 / 150 \fallingdotseq \underline{63.3}$$

中央値はデータを小さい順に並べなおした際に中央にあたるデータのことである。この問題の場合には、総数が150であるので、75番目と76番目の値になる。「60点以上69点以下」までの累計が74であるので、中央値は<u>70点以上</u>となる。よって、平均値＜中央値である。

第3四分位数は、データを大きさの順に並べたときの75%に位置するデータで、中央値は第2四分位数にあたる。そのため、中央値＜第3四分位数となるのは明白である。

したがって、平均値＜中央値＜第3四分位数となるので、①が正解である。

□　マーケティング分析についての次の（ア）〜（エ）の記述に対応する手法の組合せのうち、最も適切なものはどれか。　　　　　（R1－21）

（ア）直近購買日、購買頻度、購買金額の3変数を用いて、顧客をいくつかの層に分類し、それぞれの顧客層に対してマーケティングを行うための手法である。

（イ）企業の内部環境としての自社の強み・弱みと企業をとりまく外部環境における機会・脅威の組合せの4領域に対して、社内外の経営環境を分析する手法である。

（ウ）自社、顧客、競合の3つの視点から、自社の現状と課題、進むべき方向性などを分析する手法である。

（エ）市場成長率と相対的な市場占有率の高低の組合せの4領域に対して、扱っている製品やサービスを位置付け、どのように経営資源を配分するかなどの戦略を分析する手法である。

	（ア）	（イ）	（ウ）	（エ）
①	3C分析	SWOT分析	RFM分析	PPM分析
②	RFM分析	SWOT分析	3C分析	PPM分析
③	RFM分析	PPM分析	3C分析	SWOT分析
④	アクセスログ分析	PPM分析	3C分析	SWOT分析
⑤	アクセスログ分析	PPM分析	RFM分析	SWOT分析

【解答】 ②

【解説】(ア) 直近購買日（Recency）、購買頻度（Frequency）、購買金額
（Monetary）の3つの指標で顧客をランク付けする手法は、その頭
文字をとってRFM分析という。

(イ) 内部環境としての自社の強み（Strength）・弱み（Weakness）お
よび外部環境における機会（Opportunity）・脅威（Thread）の組合
せの4領域について経営環境を分析する手法は、その頭文字をとっ
てSWOT分析という。

(ウ) 自社（Company）、顧客（Customer）、競合（Competitor）の
3つの視点で分析する手法は、その頭文字をとって3C分析という。

(エ) 製品（Product）についての資産の組合せ（Portfolio）を、市場成
長率と相対的な市場占有率の視点で分析する手法は、プロダクト・
ポートフォリオ・マネジメント分析（PPM分析）という。

したがって、②が正解である。

2. コミュニケーションと合意形成

(1) コミュニケーションの方法

□　我が国におけるインターネット上の誹謗中傷などのネット炎上に関する次の記述のうち、最も不適切なものはどれか。　　　　　　(R3-22)

①　ネット炎上の発生件数はスマートフォンの普及や、SNS利用者の増加とともに急激に増加した。

②　ネット炎上の書き込みに直接参加する者は、インターネット利用者の数パーセント程度以下のごく少数に過ぎないという複数の調査結果がある。

③　若年層を中心としたテレビ・新聞離れにより、ネット炎上がこれらのマスメディアで認知される割合は極めて低く、ほとんどはソーシャルメディアで認知され拡散する。

④　インターネットの書き込みにより、誹謗中傷などの被害にあった場合への対応として、厚生労働省、総務省、法務省などが相談窓口を開設している。

⑤　いわゆるプロバイダ責任制限法では、インターネット上の誹謗中傷を受けた者の被害回復のために、匿名の発信者を特定するための発信者情報開示制度を定めている。

【解答】　③

【解説】①令和元年度情報通信白書第1部第1章第4節第3項で、「炎上発生件数はモバイルとSNSが普及し始めた2011年を境に急激に増加しており」と示されているので、適切な記述である。

②同白書の同項で、「これらの調査では（中略）炎上参加者はインター

　　　　ネット利用者の数パーセント程度以下のごく少数に過ぎない点にお
　　　　いて共通している」と示されているので、適切な記述である。

　　③同白書の同項で、「炎上の確認経路を確認したところ、約半数以上
　　　　の回答がテレビのバラエティ番組からであった。」と示されている
　　　　ので、マスメディアで認知されて拡散している。よって、不適切な
　　　　記述である。

　　④厚生労働省に「まもろうよ　こころ」、総務省に「違法・有害情報
　　　　相談センター」、法務省に「人権相談」の窓口があるので、適切な
　　　　記述である。

　　⑤プロバイダ責任制限法第4条に「発信者情報の開示請求等」が規定
　　　　されているので、適切な記述である。

(2) デジタル・コミュニケーション・ツール

□　企業などの組織で利用されるデジタル・コミュニケーション・ツール
　に関する次の記述のうち、最も不適切なものはどれか。　　　（R1－22）

①　ファイル共有とは、組織内で電子ファイルを共有するためのシステ
　ムを指す。ファイルの保存先としての機能に加え、ファイルの版管理
　やアクセス権限の設定などの付加機能を持つものもある。

②　テレビ会議（ビデオ会議）とは、複数の遠隔地を結んで双方向の映
　像及び音声により会議を行うシステムを指す。テレワークのためのコ
　ミュニケーション手段として導入が進んでいる。

③　ビジネスチャットとは、ネットワークで繋がれたメンバーとメッ
　セージをやりとりするツールを指す。電子メールのシステムを基盤と
　しており、メールと同程度のシステム上の遅延はあるものの、ビジネ
　ス向けの確実なメッセージ送達を実現している。

④　社内SNSとは、企業などの組織が所属メンバーを対象に運用する
　ソーシャルネットワーキングサービスを指す。業務上の連絡や情報共
　有のためだけでなく、業務とは切り離して参加者間の交流の促進のた
　めにも利用されることがある。

---

⑤　グループウェアとは、組織内での情報共有やコミュニケーションを図るため、所属メンバーが効率的に共同作業できるよう設計されたシステムを指す。メンバー間のスケジュール調整機能などの複数の機能を有するものが一般的である。

【解答】　③

【解説】①ファイル共有とは、ネットワークを介して電子ファイルを共有するシステムを指す。ファイル共有には、選択肢文に示された付加機能を持つものがあるので、適切な記述である。

②テレビ会議は、離れた複数の場所にいる人たちが双方向通信を使って映像及び音声による会議が行えるシステムである。最近注目されているテレワークでも有力なツールとなっているので、適切な記述である。

③ビジネスチャットは、主にビジネス上のコミュニケーションのための利用を想定したチャットサービスである。チャットサーバーに接続するとメッセージがリアルタイムに表示される。電子メールのシステムとは異なり、複数の人とリアルタイムでコミュニケーションをとることができるので、不適切な記述である。

④社内SNSは、企業や組織内だけで情報を共有できるSNSを利用したシステムで、目的としてコミュニケーションを活発化することも含まれるので、参加者間の交流の促進のためにも利用される。よって、適切な記述である。

⑤グループウェアとは、企業などの組織内において、コンピュータネットワークを活用した情報共有のためのシステムで、グループウェアには、スケジュール管理、設備予約など複数の機能が搭載されているものが多いので、適切な記述である。

□　テレワークに関する次の記述のうち、最も不適切なものはどれか。

(H30 - 17)

① テレワークで円滑に仕事を進めるためには、書類を電子化しネットワーク上で共有するなど、仕事のやり方を変革することが必要となる。

② テレワークの導入に当たっては、職場とは異なる環境で仕事を行うことになるため、組織の情報セキュリティポリシーを見直すことが必要となる。

③ シンクライアント型のテレワーク端末を用いることで、電子データの実体を持ち出すことなくテレワーク先での作業が可能となる。

④ テレワークに要する通信回線の費用や情報通信機器の費用については、テレワークを行う労働者が負担する場合がある。

⑤ 自宅でのテレワークの実施中は、労働基準法上の労働者であっても、いわゆる労災保険の適用対象外となる。

【解答】　⑤

【解説】テレワークに関しては、厚生労働省が「テレワーク導入のための労務管理等Q&A集」を公表しているので、その内容に基づいて選択肢の内容を検証する。

①テレワークとは、情報通信機器を利用して会社以外の場所で仕事を行う働き方であるので、書類を電子化してネットワークで共有できるようにする必要がある。また、テレビ会議などを利用するなど、仕事のやり方を変革する必要があるので、適切な記述である。

②情報セキュリティポリシーとは、組織の情報資産を守るための具体的な社内ルールをまとめたものであるので、テレワークという新たな情報機器の利用形態に対しては、それに合わせた情報セキュリティポリシーの見直しが必要となる。よって、適切な記述である。

③シンクライアント型端末は、ほとんどの機能がサーバで処理され、入出力程度の機能しか持たない端末であるので、データを持ち出すことなく作業が可能である。よって、適切な記述である。

④テレワークでは、私物の端末を使うBYOD（Bring Your Own Device）を行う例もあるので、通信回線や端末費用を労働者が負担する場合もある。よって、適切な記述である。なお、そういった場合には、費用負担について就業規則に規定する必要がある。

⑤テレワークを行う場合も、テレワーカーが労働者である以上、通常の就業者と同様に労災保険の適用を受けるので、不適切な記述である。

3. 知的財産権と情報の保護と活用

（1）知的財産権

□ 我が国の2009年から2018年までの知的財産の出願件数に関する次の
記述のうち、最も不適切なものはどれか。　　　　　　　　（R2－17）

① いわゆるPCT国際出願の件数は、増加傾向を示しており、2018年
に過去最高を記録した。

② 特許出願件数（PCT国際出願のうち国内移行したものを含む。）は、
2009年以降漸減傾向であったが、ここ数年、ほぼ横ばいで推移して
いる。

③ 意匠登録の出願件数は、多少の増減を繰り返しながらほぼ横ばいで
推移している。

④ 商標登録の出願件数は、ここ数年、増加傾向が続いている。

⑤ 実用新案登録出願件数は、多少の増減はあるものの特許出願件数の
ほぼ1／6で推移している。

【解答】　⑤

【解説】特許行政年次報告書2019年版（一部2014年版）によると、次のとおり
である。

　　①PCT国際出願の件数は、2009年に約2万9千件であったが、その後
増加しており、2018年には4万8千件と過去最高となっているので、
適切な記述である。

　　②特許出願件数は、2009年に34万件台であったが、その後漸減傾向
となり、2015年に31万件台となって以降は横ばいになっているので、
適切な記述である。

③意匠登録の出願件数は、3万件前後で横ばいとなっているので、適切な記述である。

④商標登録の出願件数は、2009年に約11万件であったが、その後増加傾向が続いており2017年には約19万件となっている。なお、2018年に約18万件となっているが、ここ数年、増加傾向が続いているといえるので、ほぼ適切な記述である。

⑤実用新案登録出願件数は、5千件から1万件未満で推移しており、特許の出願件数30万件台と比べると、数％程度であるので、不適切な記述である。

なお、平成29年度試験において、推移グラフを使った類似の問題が出題されている。また、平成22年度、平成25年度、平成26年度、平成27年度および平成28年度試験において、「知的財産権」に関する問題が出題されている。

□ 平成27年4月1日より出願受付が開始された、新しい5タイプの商標に関する次の記述のうち、最も不適切なものはどれか。 (R1-17)
① 鎮痛消炎用の湿布薬に付けられた香りなどの、香り商標
② 見る角度によって変化して見える文字や図形などの、ホログラム商標
③ 商品の包装紙や広告用の看板に使用される色彩などの、色彩のみからなる商標
④ CMなどに使われるサウンドロゴやパソコンの起動音などの、音商標
⑤ ジーンズの後ろポケットに付けるロゴが入った赤ラベルの取付け位置などの、位置商標

【解答】 ①

【解説】 ①5つのタイプで、②から⑤に示されたもの以外には、「動き商標」があるが、「香り商標」というのはないので、不適切な記述である。
②ホログラム商標の例として、見る角度によって変化して見える文字や図形などが示されているので、適切な記述である。

③色彩のみからなる商標例として、商品の包装紙や広告用の看板に使用される色彩などが示されているので、適切な記述である。

④音商標の例として、コマーシャルなどに使われるサウンドロゴやパソコンの起動音などが示されているので、適切な記述である。

⑤位置商標は、文字や図形等の標章を商品等に付す位置が特定される商標とされているので、選択肢の内容はそれにあたる。よって、適切な記述である。

□ 特許協力条約（PCT）に基づく国際出願（以下「PCT国際出願」という。）に関する次の記述のうち、最も不適切なものはどれか。

(H30−19)

① PCT国際出願は、国際的に統一された出願書類をPCT加盟国である自国の特許庁に対して1通だけ提出すれば良い。

② PCT国際出願では、PCT加盟国である自国の特許庁に出願書類を提出すれば、すべてのPCT加盟国に対して「国内出願」を出願したことと同じ扱いが得られる。

③ PCT国際出願に関する手続のほとんどは、自国の特許庁で母国語を用いて行える。

④ すべてのPCT国際出願は、その発明に関する先行技術があるか否かを調査する「国際調査」の対象となる。

⑤ 自国での審査の結果、「特許査定」が得られれば、すべてのPCT加盟国における特許権が認められる。

【解答】 ⑤

【解説】①PCT国際出願では、国際的に統一された出願書類をPCT加盟国である自国の特許庁に対して、特許庁が定めた言語（日本国特許庁の場合は日本語もしくは英語）で作成し、1通だけ提出すれば、その時点で有効なすべてのPCT加盟国に対して「国内出願」を出願したのと同じ扱いを得ることができるので、適切な記述である。

②PCT国際出願とは、1つの出願書類を条約に従って提出することに

116

よって、PCT加盟国であるすべての国に同時に出願したことと同じ効果を与える出願制度であるので、適切な記述である。

③①に示したとおり、PCT国際出願は、自国の特許庁に対して母国語を用いて行えるので、ほとんどの手続は、母国語で行える。よって、適切な記述である。なお、国際出願を各国の国内手続に係属させるための手続を国内移行手続というが、国内移行手続を行う際には、権利を取りたいPCT加盟国が認める言語に翻訳した翻訳文をその国の特許庁に提出する必要がある。

④国際出願をすると、出願した発明に類似する発明が過去に出願された、または公知となったことがあるかの調査(国際調査)が、すべての国際出願に対して行われるので、適切な記述である。

⑤PCT国際出願は、あくまで国際的な出願の手続であり、国際出願した発明が、特許を取得したい国のそれぞれで特許として認められるかどうかは、最終的には各国特許庁の実体的な審査に委ねられているので、不適切な記述である。

(2) 個人情報保護法

□　いわゆる改正個人情報保護法(個人情報の保護に関する法律)に関する次の記述のうち、最も不適切なものはどれか。　　　　　　(R3-18)

①　個人情報とは、生存する個人に関する情報であって、氏名、生年月日その他の記述等により特定の個人を識別することができるもの、あるいは旅券番号や運転免許証番号等の個人識別符号が含まれるものをいう。

②　本人の人種、信条、社会的身分、病歴、犯罪の経歴、犯罪により害を被った事実等を含む個人情報は、要配慮個人情報に該当する。

③　個人情報取扱事業者とは、個人情報データベース等を事業の用に供している者をいい、国の機関、地方公共団体等は含まれない。

④　個人データとは、個人情報データベース等を構成する個人情報をいい、市販の電話帳や住宅地図に含まれる個人情報も個人データに該当

する。

⑤ 特定の個人を識別することができないように個人情報を加工し、その個人情報を復元できないようにした匿名加工情報については、その取扱いを個人情報の取扱いよりも緩やかに規律することで、自由な流通や利活用を促進している。

【解答】 ④

【解説】①同法第2条第1項に選択肢文の内容が規定されているので、適切な記述である。

②同法第2条第3項に選択肢文の内容が規定されているので、適切な記述である。

③同法第2条第5項に選択肢文の内容が規定されているので、適切な記述である。

④個人データの定義については、同法第2条第6項に選択肢文と同じ内容が示されているが、市販の電話帳や住宅地図に含まれる個人情報は個人データに該当しないので、不適切な記述である。

⑤匿名加工情報については、同法第2条第9項に選択肢文と同じ内容が示されている。また、第37条で「匿名加工情報の提供」が規定されており、自由な流通や利活用を促進している。よって、適切な記述である。

なお、平成21年度、平成24年度、平成26年度および平成29年度試験において、類似の問題が出題されており、平成28年度試験において「マイナンバー」に関する問題が出題されている。

□ 個人情報の保護に関する法律における個人情報の第三者への提供に関する本人の同意を確認する方法として、オプトインとオプトアウトの2種類の手続がある。これらの手続に関する次の記述のうち、最も不適切なものはどれか。 (R2－22)

① オプトイン手続により、個人データの第三者への提供に関して、あらかじめ本人から同意を得た場合、この同意に基づき個人データを第

三者に提供できる。

② オプトイン手続により個人データを第三者に提供しようとする者は、オプトイン手続を行っていること等を個人情報保護委員会へ届け出ることが必要である。

③ オプトアウト手続では、第三者に提供される個人データの項目等について、あらかじめ、本人に通知するか、又は本人が容易に知り得る状態に置く必要がある。

④ オプトアウト手続の届出義務の主な対象者は、いわゆる名簿業者であり、名簿業者以外の事業者の場合、届出が必要となるかどうかは個別の判断となる。

⑤ 要配慮個人情報の取得や第三者への提供には、原則として本人の同意が必要であり、オプトアウト手続による第三者提供は認められていない。

【解答】 ②

【解説】①同法第23条第1項に規定された個人データの第三者への提供についてあらかじめ本人の同意を得る手続をオプトイン手続というので、適切な記述である。

②同法第23条第2項で、オプトアウト手続により個人データを第三者に提供しようとする者は、オプトアウト手続を行っていること等を個人情報保護委員会へ届け出ることが必要とされているので、不適切な記述である。

③オプトアウト手続では、本人が反対しない限り同意したものとみなし、第三者提供を認めるので、あらかじめ、本人に通知するか、又は本人が容易に知り得る状態に置く必要がある。よって、適切な記述である。

④個人情報保護委員会の説明によると、オプトアウト手続の届出義務の主な対象者は名簿業者になり、名簿業者以外の事業者の場合には、個別の判断となると説明しているので、適切な記述である。

⑤要配慮個人情報とは、本人の人種、信条、社会的身分、病歴、犯罪

の経歴、犯罪により害を被った事実その他本人に対する不当な差別、偏見その他の不利益が生じないようにその取扱いに特に配慮を要するものとして政令で定める記述等が含まれる個人情報をいう。一方、同法第23条第2項でオプトアウト手続が示されており、「個人情報取扱事業者は、第三者に提供される個人データ（要配慮個人情報を除く。）について、……」と示されているとおり、要配慮個人情報のオプトアウト手続による第三者提供は認められていないので、適切な記述である。

　なお、平成21年度、平成24年度および平成29年度試験において、個人情報保護法の問題が出題されている。

□　いわゆる改正個人情報保護法（個人情報の保護に関する法律）に関する次の記述のうち、最も不適切なものはどれか。　　　　　　（H30−22）

①　この法律は、個人情報の適正かつ効果的な活用が新たな産業の創出並びに活力ある経済社会及び豊かな国民生活の実現に資するものであることその他の個人情報の有用性に配慮しつつ、個人の権利利益を保護することを目的としている。

②　「個人情報」とは、生存する個人に関する情報であって、氏名、生年月日その他の記述等により特定の個人を識別することができるもの、あるいはマイナンバーや旅券番号等の「個人識別符号」が含まれるものをいう。

③　「要配慮個人情報」とは、指紋や虹彩等の特定の個人の身体の一部の特徴を電子計算機のために変換した情報であって、「個人識別符号」よりも、その取扱いに特別な配慮を要する個人情報をいう。

④　「個人情報取扱事業者」とは、個人情報データベース等を事業の用に供している者をいい、国の機関、地方公共団体等は含まれない。

⑤　特定の個人を識別することができないように個人情報を加工し、その個人情報を復元できないようにした「匿名加工情報」については、その取扱いを「個人情報」の取扱いよりも緩やかに規律することで、自由な流通や利活用を促進している。

【解答】 ③

【解説】 ①選択肢文の内容は、第1条の「目的」に規定されているので、適切な記述である。

②選択肢文の内容は、第2条第1項の第1号と第2号に規定されているので、適切な記述である。

③「要配慮個人情報」とは、第2条第3項に、「本人の人種、信条、社会的身分、病歴、犯罪の経歴、犯罪により害を被った事実その他本人に対する不当な差別、偏見その他の不利益が生じないようにその取扱いに特に配慮を要するものとして政令で定める記述等が含まれる個人情報をいう。」と規定されているので、不適切な記述である。

④選択肢文の内容は、第2条第5項に規定されているので、適切な記述である。

⑤「匿名加工情報」は、第2条第9項に選択肢文の内容のとおり規定されており、第37条で「匿名加工情報の提供」が規定されているように、流通や利活用を促進しているので、適切な記述である。

(3) 知的財産戦略

□　標準化に関する次の記述のうち、最も不適切なものはどれか。

(R1 - 19)

①　「デファクト標準」とは、公的な標準ではなく、パーソナルコンピュータの基本ソフトウェア（OS）であるMS-Windowsのように、市場で多くの人に受け入れられることで事後的に標準となったものである。

②　「デファクト標準」では、通常、その標準に包含される知的財産を誰にでもライセンスすることが求められるが、ライセンス料率は自由に設定できる。

③　「フォーラム標準」とは、ある特定の標準の策定に関心のある複数の企業などが自発的に集まって結成したフォーラムと呼ばれる組織の合意によって作成される標準である。

④　「フォーラム標準」では、通常、その標準に包含される知的財産は
　　リーズナブルな価格で誰にでもライセンスすることが求められる。

⑤　「デジュール標準」とは、ISOやITUなどの公的位置付けの標準化
　　機関において制定される標準である。

【解答】　②

【解説】①「デファクト」とは事実上のという意味であり、市場で多くの人に
　　　　受け入れられることで事後的に標準となったものが「デファクト標
　　　　準」であるので、適切な記述である。

②「デジュール標準」では、市場全体の参加者が話し合いによって合
　　意・採択された標準であるので、知的財産を誰にでもライセンスす
　　ることが義務付けられている。一方、「デファクト標準」は、開発
　　した会社が知的財産を占有しているので、ライセンス相手の選択も
　　ライセンス料率も自由に設定できる。よって、不適切な記述である。

③「フォーラム」とは集会所の意味で、関心のある複数の企業などが
　　自発的に集まって結成した組織の合意で作成されるのが「フォーラ
　　ム標準」であるので、適切な記述である。

④「フォーラム標準」は、フォーラムのメンバーが多いほど普及する
　　ので、通常は、パテントポリシーにより、知的財産権をリーズナブ
　　ルな価格で誰にでもライセンスすることが求められる。よって、適
　　切な記述である。

⑤「デジュール」とは法律上のとか公式のという意味であり、「デ
　　ジュール標準」は公的な標準化機関において制定されるので、適切
　　な記述である。

4. 情報通信技術動向

---

(1) 情報システムの実現方法の動向

☐　いわゆるWeb会議サービス（音声、映像、資料、チャット等をリアルタイムに交換可能なクラウドサービスとし、オンプレミスは除く。）を使用する際のセキュリティ上の注意事項に関する次の記述のうち、最も不適切なものはどれか。　　　　　　　　　　　　　　　（R3－20）

①　Web会議サービスのクライアントソフトは、脆弱性の悪用を防ぐため常に最新の状態にアップデートする必要がある。

②　意図しない者の会議への参加を防ぐためには、会議案内メールの安全な経路での配付とともに、会議参加者の確認・認証方式の選定が重要である。

③　通信路が安全でない場合、会議データの盗聴、改ざんの脅威が発生するため、機密性の低い内容に限った会議であっても、エンドツーエンド暗号化方式の採用が必須である。

④　Web会議サービスで扱われる個人情報が、会議目的以外で第三者提供を含め使用されないこと、いわゆる改正個人情報保護法等の法律、規制に準拠していることを確認する必要がある。

⑤　機密情報及び個人情報保護のために、意図しない映り込みや音声の漏えいを避けるよう、参加者端末の場所、映像の背景に配慮する必要がある。

【解答】　③

【解説】独立行政法人情報処理推進機構が公表している「Web会議サービスを使用する際のセキュリティ上の注意事項」の内容を基に判断を行うと

次のようになる。

①Web会議サービスのクライアントソフトの脆弱性を狙った攻撃が増えているため、常に最新の状態にアップデートする必要があるので、適切な記述である。

②セキュリティを確保するためには、会議案内メールが意図しない参加者に届かないようにするとともに、会議参加者の確認・認証を適切に行う必要があるので、適切な記述である。

③エンドツーエンド暗号化方式を用いると他の機能が無効となるため、セキュリティ保護の強化が必要な会議に限定することが望ましいので、不適切な記述である。

④Web会議では音声や映像など多くの個人情報を扱うため、個人情報の漏えいを防ぐために、改正個人情報保護法等の法律、規制に準拠していることを確認する必要があるので、適切な記述である。

⑤Web会議では、参加者端末ののぞき見や機密情報の映り込みなどのリスクがあるため、参加者端末の場所、映像の背景に配慮する必要があるので、適切な記述である。

□　クラウドコンピューティング（以下「クラウド」という。）に関する次の記述のうち、最も不適切なものはどれか。　　　　　　（R3－23）

①　クラウドは、データやアプリケーションなどのコンピュータ資源をネットワーク経由で利用する仕組みである。

②　エッジコンピューティングは、従来のクラウドよりもユーザに近い領域でデータ処理機能を提供することで、リアルタイム性を確保する技術である。

③　企業がクラウドサービスを利用する効果の例として、システム構築の迅速さ・拡張の容易さ、初期費用・運用費用の削減、可用性の向上、利便性の向上などが挙げられる。

④　クラウドサービスのうちPaaSは、電子メール、グループウェアなどのアプリケーションの機能をネットワーク経由で利用者に提供するサービスである。

⑤　パブリッククラウドは、クラウドの標準的なサービスを不特定多数が共同で利用する形態を指し、プライベートクラウドは、利用者専用のクラウド環境を指す。

【解答】　④

【解説】①クラウドは、インターネット上のさまざまなハードウェアやソフトウェアなどの資源をクラウドとしてとらえ、ユーザは提供されるサービスをネットワーク経由で利用するので、適切な記述である。

②エッジコンピューティングは、ユーザ側のエッジにコンピュータを置き、物理的に距離を短縮することでリアルタイム性を確保する技術であるので、適切な記述である。

③企業がクラウドサービスを利用する効果として、選択肢文に示された内容が挙げられるので、適切な記述である。

④PaaSとは、Platform as a Serviceの略で、アプリケーションソフトが稼働するためのデータベースやプログラム実行環境などが提供されるサービスであるので、不適切な記述である。なお、選択肢文の記述はSaaS（Software as a Service）の説明である。

⑤パブリッククラウドは、一般ユーザや企業などのユーザがクラウド環境を共同で利用する。一方、プライベートクラウドは、企業などが自社専用でクラウド環境を構築・運用するので、適切な記述である。

なお、平成29年度試験において、類似の問題が出題されている。

□　ある会社では、2機種（機種A、機種B）のサーバを使用しており、いずれの機種のカタログにもMTBF（平均故障間隔）は1,000時間と記載されている。使用しているすべてのサーバの運用開始から現時点までの総稼働時間、総修理時間、故障件数を調べ、機種ごとに集計したところ下表が得られた。MTBFの観点から見た、機種Aと機種Bの信頼性に関する次の記述のうち、最も適切なものはどれか。　　　　（R2－19）

表 機種A、機種Bの総稼働時間、総修理時間、故障件数

	総稼働時間	総修理時間	故障件数
機種A	1,093,800時間	121,040時間	987件
機種B	1,148,300時間	114,720時間	1,283件

① 機種A、機種Bの信頼性は、ともにカタログ値を下回る。

② 機種Aの信頼性はカタログ値を上回るが、機種Bの信頼性はカタログ値を下回る。

③ 機種A、機種Bの信頼性は、ともにカタログ値と一致する。

④ 機種Aの信頼性はカタログ値を下回るが、機種Bの信頼性はカタログ値を上回る。

⑤ 機種A、機種Bの信頼性は、ともにカタログ値を上回る。

【解答】 ②

【解説】MTBFは、ある故障から次の故障までの間隔の平均時間であるので、機種A、機種Bの信頼性は次の式で求められる。

$$MTBF = \frac{総稼働時間}{故障件数}$$

機種AのMTBF $= \dfrac{1,093,800}{987} ≒ 1,108 > 1,000$ (カタログ値を上回る)

機種BのMTBF $= \dfrac{1,148,300}{1,283} ≒ 895 < 1,000$ (カタログ値を下回る)

したがって、②が正解である。

(2) インターネット

□ スマートフォンやIoT端末等の通信には、様々な用途に応じた無線通信方式が用いられる。最近では、環境モニタリングやスマートメーター等の多数のIoT端末からの情報を収集する用途に適したLPWAと呼ばれる方式の開発やネットワークの構築が進められている。下図は、縦軸を

無線電波のカバー範囲、横軸を消費電力・速度・コストとしたときの、代表的な無線通信方式の位置付けを示したものである。次のうち、(ア)、(イ)、(ウ)、(エ)に該当する無線通信方式（技術の総称、規格名あるいはブランド名）の組合せとして最も適切なものはどれか。 (H30−24)

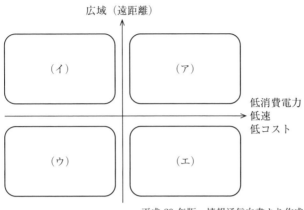

図　無線通信方式の位置付け

	(ア)	(イ)	(ウ)	(エ)
①	LPWA	4G (LTE)	Wi−Fi	Bluetooth
②	Bluetooth	Wi−Fi	4G (LTE)	LPWA
③	4G (LTE)	LPWA	Wi−Fi	Bluetooth
④	4G (LTE)	Wi−Fi	Bluetooth	LPWA
⑤	LPWA	4G (LTE)	Bluetooth	Wi−Fi

【解答】　①

【解説】「LPWA（Low Power Wide Area)」の通信速度は数kbpsから数百kbps程度と携帯電話システムと比較して低速であり、低消費電力でもあるが、数kmから数十kmもの通信が可能な広域性を有しているので、(ア)に該当する。

　「4G（LTE）」は、データ受信速度が最大で150 Mbpsの高速通信が可能で、携帯電話にも使われるほど広域性を持っているので、(イ)

に該当する。

「Wi-Fi」は、データ受信速度が600 Mbps程度と高速通信が可能で、狭い範囲で通信が可能であるので、（ウ）に該当する。

「Bluetooth」は、近距離無線通信のインターフェイス規格で、通信速度は1 Mbps程度と低速であるので、（エ）に該当する。

したがって、LPWA－4G（LTE）－Wi-Fi－Bluetoothとなるので、①が正解である。

□　情報処理関連の4つの用語に対応する説明の組合せとして、最も適切なものはどれか。　　　　　　　　　　　　　　　　　　　　　　　（H29－20）

（ア）自動車、家電、ロボット、施設などあらゆるモノがインターネットにつながり、情報のやり取りをすること。

（イ）インターネット上で友人を紹介しあい、個人間の交流を支援するサービス。誰でも参加できるものと、友人の紹介が必要なものがある。

（ウ）3Dスキャナや3D CADなどにより、自分のアイデアなどをデータ化した上で、3Dプリンターなどで造形すること。

（エ）ネットワーク上にある端末同士を直接接続して、取引記録を分散的に処理・記録するデータベースの一種。

	SNS	ブロックチェーン	IoT	デジタルファブリケーション
①	（ア）	（エ）	（イ）	（ウ）
②	（イ）	（エ）	（ア）	（ウ）
③	（イ）	（ウ）	（ア）	（エ）
④	（ウ）	（イ）	（エ）	（ア）
⑤	（ア）	（ウ）	（イ）	（エ）

【解答】　②

【解説】SNSはSocial Networking Serviceの略で、インターネットを通じて、人と人との交流を支援するサービスのことであるので、（イ）の説明になる。なお、SNSには、誰でも参加できる形式のものと、友人等の紹介が必要なものがある。

　ブロックチェーンは、ネットワーク上にある多数のコンピュータを直接接続し、取引情報などを分散処理・記録する手法で、仮想通貨のビットコインの根幹をなす技術であるので、（エ）の説明になる。

　IoTはInternet of Thingsの略で、あらゆるモノがインターネットにつながることによって実現する新たなサービスをいうので、（ア）の説明になる。

　デジタルファブリケーションは、3Dスキャナや3D CADなどの測定機器を使って、自分のアイデアなどをデジタルデータ化した上で、3Dプリンターなどで造形することであるので、（ウ）の説明になる。

　したがって、（イ）－（エ）－（ア）－（ウ）となるので、②が正解である。

　なお、平成28年度試験において、「情報分野の用語」に関する問題が出題されている。

(3) 情報システム活用方法の動向

□　下図は、企業が抱える主な経営課題に対して、情報通信技術（ICT）により生産性を向上させる方策を整理したものである。図の（ア）～（エ）の生産性向上方策に、以下の（A）～（D）に示す事例を1つずつ当てはめた次の組合せのうち、最も適切なものはどれか。　　（R1－24）

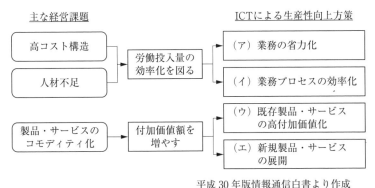

平成30年版情報通信白書より作成

図　ICTによる生産性向上方策

生産性向上方策の事例

（A）手作業に頼っていたプラスチック製品の面取り加工工程において、繊細な手作業の動きを再現する垂直多関節ロボットを導入する。

（B）ドライブレコーダからの自動車の利用データに基づき、加入者ごとに保険の割引率を算出し、顧客のニーズや実態に見合った保険メニューや保険料を提案する。

（C）ホテルに導入したサービスロボットの活用に関するデータやノウハウを蓄積し、それに基づき、同業他社や他業種の企業に向けた事業を開発する。

（D）建設現場をドローンで撮影し、その映像や測量データに基づく設計をAIにより自動化することで、測量と設計・施工計画の業務を一体化する。

	（ア）	（イ）	（ウ）	（エ）
①	A	D	B	C
②	A	D	C	B
③	D	A	C	B
④	D	C	B	A
⑤	D	A	B	C

【解答】　①

【解説】（A）従来の面取り加工工程にロボットを導入するのは業務の省力化になるので、（ア）が適切である。

　　　　（B）ドライブレコーダ（既存製品）からの利用データを使って個別の保険のメニューや保険料提案を行うのは、「既存製品・サービスの高付加価値化」にあたるので、（ウ）が適切である。

　　　　（C）導入したサービスロボット（新規製品）で得られたノウハウ等を使って事業を開発することは、「新規製品・サービスの展開」にあたるので、（エ）が適切である。

　　　　（D）建設現場をドローンで撮影し、測量と設計・施工計画の業務を一体化するのは、「業務プロセスの効率化」にあたるので、（イ）が

適切である。

したがって、A－D－B－Cとなるので、①が正解である。

□　デジタル技術に関する用語と対応する説明の組合せとして最も適切なものはどれか。　　　　　　　　　　　　　　　　　　　　　　（H30－20）

（ア）工場や製品などに関わる物理世界の出来事を、そっくりそのままサイバー空間上に再現する考え方

（イ）デジタルテクノロジーによる破壊的創造、破壊的イノベーション

（ウ）パソコンやインターネットを使いこなせる者と、使いこなせない者との間に生じる経済的・社会的格差

（エ）デジタル技術の普及・浸透による「社会のデジタル化」がもたらす組織や社会の変革

	デジタルツイン	デジタルデバイド	デジタルトランスフォーメーション	デジタルディスラプション
①	（ア）	（ウ）	（エ）	（イ）
②	（ウ）	（ア）	（イ）	（エ）
③	（エ）	（ウ）	（ア）	（イ）
④	（イ）	（エ）	（ア）	（ウ）
⑤	（ア）	（ウ）	（イ）	（エ）

【解答】　①

【解説】「デジタルツイン」は、工場や製品などに関わる物理世界のできごとを、デジタル上の双子に見立てて、そっくりサイバー空間上に再現する考え方であるので、（ア）の説明になる。

　　　　「デジタルデバイド」は、情報技術を利用できる者と利用できない者との間で生じる経済的・社会的格差であるので、（ウ）の説明になる。

　　　　「デジタルトランスフォーメーション」は、デジタルの変革と訳され、デジタル技術の普及によって産業構造や社会基盤までが変革されるという意味であるので、（エ）の説明になる。

　　　　「デジタルディスラプション」は、デジタル技術やそれを使った新

たなビジネスモデルによって生じる、破壊的なイノベーションを意味するので、（イ）の説明になる。

　したがって、（ア）－（ウ）－（エ）－（イ）となるので、①が正解である。

(4) デジタルトランスフォーメーションの技術

□　画像認識に関する次の記述のうち、最も不適切なものはどれか。

(R3 － 19)

① 画像認識とは、入力された静止画や動画から抽出した特徴などを用いて、対象となるものが何かを認識する技術である。

② ディープラーニング等のAI技術の進展によって、画像認識の認識精度は向上してきている。

③ AI等の先端技術を使った画像認識は製造業、物流、防犯などの分野で活用されており、医療分野における画像診断支援などへの応用も進みつつある。

④ 画像認識の活用は進んでいるが、画像認識に使用できるクラウドサービスはいまだ提供されていない。

⑤ 顔認識技術はプライバシー保護の面からの懸念が指摘されており、堅牢なセキュリティ確保や画像データを保存しないなどの対策がとられている。

【解答】　④

【解説】　①画像認識はパターン認識の一種で、画像データから対象物の特徴をつかみ、対象物を識別する技術であるので、適切な記述である。

　　　　②ディープラーニングは収集したデータから特徴を学習する工程を繰り返すことで画像認識精度を向上させているので、適切な記述である。

　　　　③画像認識は、製造業の不良品検査や物流の積み下ろし作業だけでなく、防犯の顔認証や医療の画像診断などにも応用されているので、適切な記述である。

④NTTドコモが提供しているドコモ画像認識プラットフォームなどの
クラウドサービスが提供されているので、不適切な記述である。

⑤顔認識技術に対してプライバシー保護の面から一般の人は懸念を
持っているため、情報の漏えい対策や画像データの保存を行わない
などの対策が行われて使用されているので、適切な記述である。

□　政府が推進する Society 5.0 によって新たに実現される社会等に関す
る次の記述のうち、最も不適切なものはどれか。　　　　　（R2－21）

①　Society 5.0 とは、狩猟社会、農耕社会、工業社会、情報社会に続く、
人類社会発展の歴史における5番目の新しい社会を指す。

②　Society 5.0 では、IoTで人とモノがつながり様々な知識や情報が共
有されることで新たな価値が生まれ、また、人工知能により必要な情
報が必要な時に提供されるようになる。

③　Society 5.0 の新たなしくみでは、サイバー空間に存在するクラウド
サービスにフィジカル空間にいる人間がアクセスし自ら情報を解析す
ることで価値が生まれる。

④　Society 5.0 では、イノベーションで創出される新たな価値により、
格差なく、多様なニーズにきめ細かな対応が可能となり、社会システ
ム全体が最適化され、経済発展と社会的課題の解決が両立できる社会
となる。

⑤　Society 5.0 では、人工知能やロボットに支配され監視されるような
未来ではなく、誰もが快適で活力に満ちた質の高い生活を送ることの
できる人間中心の社会を実現していく。

【解答】　③

【解説】内閣府が公表している Society 5.0 に関する資料に基づいて判断すると、
次のようになる。

①Society 5.0 は、狩猟社会（Society 1.0）、農耕社会（Society 2.0）、
工業社会（Society 3.0）、情報社会（Society 4.0）に続く、「サイバー
空間（仮想空間）とフィジカル空間（現実空間）を高度に融合させ

たシステムにより、経済発展と社会的課題の解決を両立する、人間中心の社会（Society）」と定義されているので、適切な記述である。

②Society 5.0サービスプラットフォームを支える基盤技術として、IoTシステム構築技術と人工知能技術を挙げているので、適切な記述である。

③サイバー空間に存在するクラウドサービスにフィジカル空間にいる人間がアクセスし自ら情報を解析する社会は、Society 4.0であるので、不適切な記述である。なお、Society 5.0は、サイバー空間とフィジカル空間を高度に融合させたシステムにより実現する。

④内閣府は、Society 5.0で実現する社会として、選択肢文の内容を示しているので、適切な記述である。

⑤①に示した通り、Society 5.0では人間中心の社会を実現するので、適切な記述である。

□　機械学習によるデータ活用のプロセスを表した以下の図の（ア）～（エ）に該当する用語の組合せとして、最も適切なものはどれか。

(R2－23)

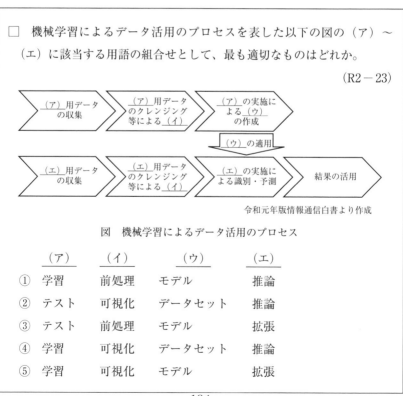

図　機械学習によるデータ活用のプロセス

令和元年版情報通信白書より作成

	（ア）	（イ）	（ウ）	（エ）
①	学習	前処理	モデル	推論
②	テスト	可視化	データセット	推論
③	テスト	前処理	モデル	拡張
④	学習	可視化	データセット	推論
⑤	学習	可視化	モデル	拡張

【解答】　①

【解説】機械学習には「学習」と「推論」の2つのプロセスがある。上下のプロセスはそのどちらかであるが、選択肢を見ると（ア）はテストではなく「学習」、（エ）は拡張ではなく「推論」とならなければならないのは明白である。そのため、①か④が正解であるのがわかる。また、クレンジングとは汚れを落とすことであるので、収集したデータで余分なものを除去する作業を行うことである。よって、（イ）は可視化ではなく「前処理」が適切だとわかる。この時点で、①が正解とわかる。なお、（ウ）は「モデル」で問題ない。

　　　　したがって、学習－前処理－モデル－推論となるので、①が正解である。

□　仮想通貨（ビットコインなど）で使われているブロックチェーン技術に関する次の記述のうち、最も不適切なものはどれか。　　（H30－18）

①　データを保管するノードを多数配置し、当該データをネットワーク全体で共有する分散処理構造を採用することで、データベースとしての高可用性を実現する。

②　電子署名とハッシュ値を利用しデータブロックを連鎖状に繋げるデータ構造を採用することで、事実上改ざん不可能といえるほど改ざん耐性を高めている。

③　ブロックチェーン技術を用いることで、データの秘匿性と入力されるデータの真正性が保証される。

④　データを自動処理するプログラムをブロックチェーン上で動かすことで、人手を介さなくても手続や契約を履行できるスマートコントラクトも、ブロックチェーンの特徴である。

⑤　海外では政府による公共サービス提供への利用が公表されるなど、仮想通貨に限らず様々な分野での活用が検討されている。

【解答】　③

【解説】①ブロックチェーンでは、データを保管するノードを多数配置し、

P2P（Peer to Peer）ネットワークを使って取引履歴を分散管理しているので、ネットワークの一部に不具合が生じてもシステムを維持することができる。よって、高可用性を実現できるので、適切な記述である。

②ブロックチェーンでは、ドキュメントやデータの発行者の確認は電子署名で行われており、途中での改ざんを確認する技術であるハッシュ関数によるハッシュ値を用いているので、改ざん耐性が高い。よって、適切な記述である。

③ブロックチェーンでは、データをP2Pネットワーク全体で共有するので、秘匿性は低い。よって、不適切な記述である。

④スマートコントラクトとは、プログラムに基づいて自動的に実行される契約であり、ブロックチェーンでは、当事者間の取引をプログラムとしてブロックチェーン上に記載し、契約の履行条件が満たされたら自動的に契約が履行される仕組みを作ることができるので、適切な記述である。

⑤ジョージア、スウェーデン、ブラジルなどの政府から、土地の登記や売買をブロックチェーンを通じて行うことが発表されている他に、食品管理や投票などにも活用が検討されているので、適切な記述である。

□ IoT、ビッグデータ、人工知能等の技術革新による、いわゆる第4次産業革命に関する次の記述のうち、最も適切なものはどれか。

(H30 − 23)

① 第4次産業革命とは、農業等の第1次産業、建設業等の第2次産業、小売業等の第3次産業に続く、新たな第4次産業を創出する変革のことをいう。

② 第4次産業革命は、産業に関する変革が対象であり、スマートハウスにより快適・便利な暮らしが実現できる等の社会生活に関する変革は、第4次産業革命の対象ではない。

③ 第4次産業革命の事例である「シェアリングエコノミーサービス」と

は、高い市場シェアを獲得することで標準たる地位を獲得して提供される安価なサービスのことをいう。

④ 日本では全国の駅やコンビニ等で安心して24時間利用できるATMの利便性があり、決済送金サービス等の「フィンテック」の普及度合いで日本が欧米をリードしている。

⑤ 第4次産業革命により、個々にカスタマイズされた製品・サービスの安価な提供、既に存在している資源・資産の効率的な活用、人工知能やロボットによる労働の補助・代替等が可能となる。

【解答】 ⑤

【解説】 ①第4次産業革命とは、蒸気機関利用の第1次産業、電力利用の第2次産業、コンピュータ利用の第3次産業に続く、新たな第4次産業を創出する変革のことをいうので、不適切な記述である。

②第4次産業革命は、産業に特化したものだけではなく、シェアリングエコノミーやスマートハウスなどの快適な生活や社会の実現も対象となるので、不適切な記述である。

③「シェアリングエコノミーサービス」とは、インターネットを通じて、サービス利用者と提供者を素早くマッチングさせることによって、遊休資産を有効に活用するサービスであるので、不適切な記述である。

④日本ではATMが普及しており、実貨幣を使った取引が広く行われているためフィンテックの普及度合いは低いので、不適切な記述である。なお、フィンテックが最も進んでいるのは中国である。

⑤第4次産業革命によって自律的な最適化が可能となるため、選択肢文に示されたサービス等が可能となるので、適切な記述である。

なお、平成28年度試験において「IoT」、平成29年度試験において「AI」に関する問題が出題されている。

□ 無人航空機は、緊急時の情報収集をはじめとする様々な場面での活用が期待されている。無人航空機（航空法によるもの）を飛行させる際に順守すべき事項に関する次の記述のうち、最も適切なものはどれか。

(R2 − 18)

① 無人航空機及びその周囲の目視による常時監視には、双眼鏡による常時監視や補助者による常時監視は含まれない。

② 屋内であっても人口集中地区は航空法の規制対象となるので、他の条件によらず飛行に国土交通大臣の許可が必要となる。

③ 無人航空機を用いて農薬を散布する場合には、国土交通大臣の承認は必要ない。

④ 無人航空機の操縦や画像伝送に利用する無線通信システムは電波法令の規制対象外となるので、使用する周波数と送信出力によらず飛行に無線技士の資格は必要ない。

⑤ 無人航空機を用いて計測機器を設置する場合には、他の条件によらず国土交通大臣の承認が必要となる。

【解答】 ①

【解説】国土交通省航空局が作成している「無人航空機（ドローン、ラジコン等）の飛行に関するQ&A」と電波法によって判断すると、次のようになる。

①目視による常時監視とは、飛行させる者が自分の目で見ることを指しているので、双眼鏡による常時監視や補助者による常時監視は含まれない。よって、適切な記述である。

②屋内であれば航空法の規制対象外となるので国土交通大臣の許可は不要である。よって、不適切な記述である。

③農薬を散布する場合も物件投下に該当するので、国土交通大臣の承認が必要である。よって、不適切な記述である。

④使用する周波数と送信出力によっては、無人航空機の操縦や画像伝送に利用する無線通信システムは電波法令の規制対象となるので、

その場合は無線技士の資格が必要となる。よって、不適切な記述である。

⑤無人航空機を用いて計測機器を設置する場合には、物件投下に該当しないので、他の条件によって国土交通大臣の承認の必要かどうかが変わってくる。よって、不適切な記述である。

なお、平成29年度試験において、類似の問題が出題されている。

5. 情報セキュリティ

(1) 情報セキュリティの脅威

□ 情報セキュリティの脅威に留意した行動に関する次の記述のうち、最も適切なものはどれか。　　　　　　　　　　　　　　　　　(R1－23)

① 重要情報を取引先にメールで送付する際に、インターネット上でのデータの機密性を確保するため、送信データに電子署名を施した。

② 職場のパソコンがランサムウェアに感染するのを予防するため、常にパソコンに接続している外付けハードディスクにパソコン内のデータをバックアップした。

③ 振込先の変更を求めるメールが取引先から届いたため、ビジネスメール詐欺を疑い、メールへの返信ではなく、メールに書かれている番号に電話して確認した。

④ 公衆無線LANを用いてテレワークをする際に、通信傍受を防ぐため、WPA2より暗号化強度が強い「WEPで保護」と表示されているアクセスポイントを利用した。

⑤ 委託先から最近のやりとりの内容と全く異なる不自然なメールが届いたため、標的型攻撃メールなどを疑い、添付ファイルは開かず、情報管理者にすぐに報告・相談した。

【解答】 ⑤

【解説】①機密性は、許可された人だけがアクセスでき、許可されない人はアクセスや閲覧ができないようにすることであるが、電子署名は、その文書を作成名義人が作成したことを証明するものであるので、機密性は確保できない。よって、不適切な記述である。

②常にパソコンに接続している外付けハードディスクにパソコン内の
データをバックアップしても、ランサムウェアに感染した場合は同
時に感染するので、予防にはならない。よって、不適切な記述であ
る。

③ビジネスメール詐欺の疑いがあるメールに書かれている番号に電話
すると、悪意のある第三者に連絡する結果になる可能性があるので、
契約時に登録されている相手先の連絡先に問い合わせるべきである。
よって、不適切な記述である。

④WEPは、暗号化の実装に問題があるため、解読に対する堪能性が
低いという課題があるので、「WEPで保護」と表示されているアク
セスポイントを利用するのは危険である。それに対してWPA2は、
WEPよりセキュリティを強化した規格であるので、不適切な記述
である。

⑤標的型攻撃メールなどの疑いがあるメールが届いた場合には、添付
ファイルを開かず、情報管理者にすぐに報告・相談するのは適切な
対応であるので、適切な記述である。

□　組織の情報資産を脅かす情報セキュリティの脅威に関する次の記述の
うち、最も適切なものはどれか。　　　　　　　　　　　　(H30−21)

①　DoS攻撃：企業や国家の機密情報の詐取等を目的に、特定の個人や
組織、情報を狙ったサイバー攻撃。

②　ランサムウェア：コンピュータウイルスの一種で、感染したコン
ピュータが正常に利用できないよう人質に取り、復元のために代価の
支払いを要求するソフトウェア。

③　標的型攻撃：大量のデータや不正なデータを特定のコンピュータや
通信機器等に送りつけ、相手方のシステムを正常に稼働できない状態
に追い込むサイバー攻撃。

④　メール爆弾：ウイルスに感染した電子ファイルを電子メールに添付
して、コンピュータをウイルスに感染させ、メール受信者のデータを
破壊するサイバー攻撃。

⑤　ビジネスメール詐欺：実在の金融機関等を装った電子メールを送付
し、偽のWebサイトに誘導して、住所、氏名、銀行口座番号、ク
レジットカード番号等の情報を詐取する詐欺。

【解答】　②

【解説】①DoS攻撃は、サーバに大量のデータを送って過大な負荷をかけ、
サーバの性能を極端に低下させたり、サーバを機能停止に追い込ん
だりする不正行為をいうので、不適切な記述である。

②ランサムウェアは、身代金ウイルスとも呼ばれ、感染すると端末が
ロックされたり、ファイルが勝手に暗号化されたりして使用できな
くなり、それを解除するために金銭を要求してくる不正プログラム
をいうので、適切な記述である。

③標的型攻撃メールは、特定の企業や組織を攻撃対象（標的）とする
攻撃のことで、関係者を装ったメールを送付して、メールや添付
ファイルを開かせ、ウイルス等を感染させて、機密情報の窃取や
データの破壊を行う攻撃メールであるので、不適切な記述である。

④メール爆弾は、大量の無意味な内容のメールや巨大なサイズの添付
ファイル付きメールを送って、メールボックスの容量を使い切らせ
て、他のメールを受信できなくする攻撃であるので、不適切な記述
である。

⑤ビジネスメール詐欺とは、実際の取引先や自社の経営者層等になり
すまして、偽の電子メールを送って入金を促す詐欺のことであるの
で、不適切な記述である。

☐　近年、特定の企業や組織を狙ったサイバー攻撃により、重要な情報が
盗まれる事件が頻発している。サイバー攻撃手法の1つである標的型攻
撃メールに関する次の記述のうち、最も不適切なものはどれか。

(H29－21)

①　標的型攻撃メールは、対象とする組織から重要な情報を盗むことな
どを目的に、業務に関係するメールだと信じて利用者がウイルス付き

の添付ファイルを開くなどするように巧妙に作り込まれたメールである。

② 標的型攻撃メールの送信先メールアドレスの大半はインターネット上に公開されたものであり、ホームページ上にメールアドレスを公開しないことが被害を防ぐ有効な方法となる。

③ 利用者にウイルス感染を気づかれないよう、ウイルス感染の仕掛けが施された添付ファイルを開いたとき、画面上に正当なものを装った内容の文書を表示する標的型攻撃メールも確認されている。

④ 利用者が疑わずに添付ファイルを開いてしまうように送信者のメールアドレスのドメイン名を偽装し、組織内から発信されたメールを装う標的型攻撃メールも確認されている。

⑤ 利用者が標的型攻撃メールを見抜けずにウイルスに感染してしまった場合を想定し、侵害拡大防止、及び監視強化の対策も講じておく必要がある。

【解答】 ②

【解説】①標的型攻撃メールは、特定の企業や組織を攻撃対象（標的）とする攻撃のことで、関係者を装ったメールを送付して、メールや添付ファイルを開かせ、ウイルス等を感染させて、機密情報の窃取やデータの破壊を行う攻撃メールであるので、適切な記述である。

②警視庁の広報資料では、「標的型メール攻撃の送信先メールアドレスについては、インターネット上で公開されていないものが全体の96%と、引き続き多数を占めた。」と示されているので、不適切な記述である。

③標的型攻撃メールの中には、長期間ウイルスが活動できるようにするため、感染に気づかせないよう、画面上に正当なものを装った内容の文書を表示するような仕掛けが施されたものもあるので、適切な記述である。

④警視庁の広報資料では、「標的型メールの送信元メールアドレスについては、大学や銀行をかたるなど、偽装されていると考えられる

ものが全体の99％と、ほぼ全てを占めた。」と示されており、組織
内から発信されたメールを装う標的型攻撃メールも確認されている
ので、適切な記述である。

⑤総務省の資料では、「標的型攻撃を完全に防ぐことは難しいため、
実際に被害を受けた際の対応についても想定しておくことが大切で
す。」と示しているように、ウイルスに感染してしまった場合を想
定し、侵害拡大防止、及び監視強化の対策も講じておく必要がある。
よって、適切な記述である。

なお、平成24年度、平成25年度および平成26年度試験において、類
似の問題が出題されている。

(2) 情報セキュリティの要素と対策技術

□　オンライン本人認証方式に用いられる3つの要素のうち2つ以上を
組合せた多要素認証の例として、次の組合せのうち最も不適切なものは
どれか。　　　　　　　　　　　　　　　　　　　　　　　　(R3－24)
①　パスワード　＋　秘密の質問に対する答え
②　ワンタイムパスワードのトークン　＋　パスワード
③　ICカード　＋　指紋
④　音声　＋　パスフレーズ
⑤　パスフレーズ　＋　ICカード

【解答】　①

【解説】認証の3つの要素とは、ⓐ記憶、ⓑ所持、ⓒバイオメトリック情報で
あるので、次のようになる。

①パスワード（ⓐ）＋秘密の質問に対する答え（ⓐ）は同じ要素同士
であるので、不適切な組合せである。

②ワンタイムパスワードのトークンはワンタイムパスワードを生成す
る専用機器であるので、専用機器（ⓑ）＋パスワード（ⓐ）は多要
素認証である。よって、適切な組合せである。

③ICカード（ⓑ）＋指紋（ⓒ）は多要素認証であるので、適切な組合せである。

④音声（ⓒ）＋パスフレーズ（ⓐ）は多要素認証であるので、適切な組合せである。

⑤パスフレーズ（ⓐ）＋ICカード（ⓑ）は多要素認証であるので、適切な組合せである。

なお、平成21年度、平成23年度、平成24年度、平成25年度、平成27年度および平成28年度試験において、「情報セキュリティ」に関する問題が出題されている。

□　生体認証に関する次の記述のうち、最も不適切なものはどれか。

(R1－20)

①　生体認証は、身体の形状に基づく身体的特徴や、行動特性に基づく行動的特徴を用いて認証を行う。

②　生体認証は、パスワードの文字数や文字種のような認証強度に関するパラメータが存在しないため、運用者がシステム全体の目的に合わせて安全性と利便性のバランスを調整することができない。

③　生体認証では、誤って他人を受け入れる可能性と、誤って本人を拒否する可能性とを完全に無くすことはできない。

④　生体認証は、パスワードなどのように忘れてしまったり、ICカードなどのように無くしてしまったりすることがなく、利用者にとって利便性の高い本人確認方法である。

⑤　生体認証は、銀行のATMや空港の出入国管理システムなど、様々な分野で実用化されている。

【解答】　②

【解説】独立行政法人情報処理推進機構が示している「生体認証導入・運用のためのガイドライン」に基づいて判断を行うと次のようになる。

①生体認証とは、人の生体的特徴・特性を用いて行う本人認証方式であると示されているので、適切な記述である。

②生体認証では、入力特徴データと登録特徴データとの類似度の計算結果は、あらかじめ設定された閾値と比較され、本人との一致・不一致が判断されるので、閾値のバランスを調整することで安全性と利便性のバランスを調整できる。よって、不適切な記述である。

③生体認証では、どのように閾値を定めても、誤って他人を受け入れる可能性と、誤って本人を拒否する可能性をゼロにすることはできないと示されているので、適切な記述である。

④生体認証は、パスワードなどのように「忘れる」、カードなどの「紛失」、「盗難」、「置き忘れ」の問題を回避できると示されているので、適切な記述である。

⑤生体認証は、銀行のATMや空港の出入国管理システムなどで実用化されているので、適切な記述である。

□ インターネットのプロトコルなどで用いられている暗号方式やデジタル署名に関する次の記述のうち、最も不適切なものはどれか。なお、以下において、「メッセージ」は送信者から受信者に伝達したい通信内容（平文）、「ダイジェスト」はセキュアハッシュ関数を用いてメッセージを変換して生成した固定長のビット列のことをそれぞれ指す。 (R2-24)

① 暗号通信では、暗号方式が同一であれば、用いられる鍵を長くすると安全性は向上するが、暗号化と復号が遅くなるという欠点がある。

② 共通鍵暗号方式による暗号通信では、送信者によるメッセージの暗号化と受信者による暗号文の復号に同じ鍵が用いられることから、送信者と受信者が同一の鍵を共有する必要がある。

③ 公開鍵暗号方式による暗号通信では、送信者が生成した公開鍵を用いてメッセージを暗号化したうえで送信し、受信者は秘密鍵を用いて復号する。

④ デジタル署名では、送信者が生成した秘密鍵を用いてメッセージに対するダイジェストを暗号化したうえで送信し、受信者は公開鍵を用いて復号する。

⑤ デジタル署名により、メッセージが改ざんされていないこととダイ

ジェストを生成した人が確かに署名者であることを確認できるが、
メッセージの機密性は確保できない。

【解答】 ③

【解説】①暗号鍵が長いと解読するのにそれだけ時間がかかるので安全性は向
上する。しかし、長くするに伴って暗号化と復号には時間がかかり
遅くなるので、適切な記述である。

②共通鍵暗号方式は、暗号化と復号の両方に同じ鍵を用いる方法であ
るので、送信者と受信者が同一の鍵を共有する。よって、適切な記
述である。

③公開鍵暗号方式による暗号通信は、暗号化と復号に異なる鍵を用い
る方式で、暗号化に受信者が生成した公開鍵を使い、受信者は復号
に秘密鍵を使うので、不適切な記述である。

④デジタル署名では、送信者が生成した秘密鍵を用いてメッセージに
対するダイジェストを暗号化してメッセージとともに送信し、受信者
は送信者の公開鍵を用いて署名を復号するので、適切な記述である。

⑤デジタル署名では署名を暗号化するが、メッセージはそのまま送信
されるので、メッセージが改ざんされていないこととダイジェスト
を生成した人が確かに署名者であることを確認できるが、メッセー
ジの機密性は確保できない。よって、適切な記述である。

なお、平成26年度試験において、類似の問題が出題されている。

□　企業や組織における情報セキュリティでは、情報の「機密性」、「完全
性」、「可用性」を維持することが重要である。次の（ア）～（ウ）の説
明と「機密性」、「完全性」、「可用性」の用語との組合せとして最も適切
なものはどれか。　　　　　　　　　　　　　　　　　　（H29－22）

（ア）アクセスを認められた者だけが、決められた範囲内で情報資産にア
クセスできる状態を確保すること。

（イ）アクセスを認められた者が、必要なときにはいつでも、中断するこ
となく、情報資産にアクセスできる状態を確保すること。

（ウ）情報資産の内容が正しく、矛盾がないように保持されていること。

	（ア）	（イ）	（ウ）
①	機密性	可用性	完全性
②	可用性	完全性	機密性
③	完全性	可用性	機密性
④	機密性	完全性	可用性
⑤	可用性	機密性	完全性

【解答】　①

【解説】（ア）認められた者だけが、決められた範囲内で情報資産にアクセスできるという点から、機密性の説明であるのがわかる。

　　　　（イ）必要なときにはいつでも、継続して情報資産にアクセスできる状態という点から、可用性の説明であるのがわかる。

　　　　（ウ）内容が正しく、矛盾がないように保持されているという点から、完全性の説明であるのがわかる。

　　　したがって、機密性－可用性－完全性となるので、①が正解である。

　　　JIS Q 27000では、「情報セキュリティ」を「情報の機密性、完全性及び可用性を維持すること」と定義している。

　　　なお、平成26年度試験において、類似の問題が出題されている。

第4章

安全管理

この章では、過去に択一式問題として出題された項目を、総合技術監理キーワード集の安全管理に示された項目の順番に合わせて示します。安全管理では、これまで安全の概念、リスクマネジメント、労働安全衛生管理、事故・災害の未然防止対応活動・技術、危機管理、システム安全工学手法の問題が出題されています。

1. 安全の概念

(1) 社会安全と消費者安全

□　消費者安全に係る次の記述のうち、最も不適切なものはどれか。なお、以下において「隙間事案」とは、消費者安全に係る事案で、各行政機関の所管する既存の法律には、その防止措置がないものをいう。また、内閣総理大臣の権限については、法令により消費者庁長官に委任されている場合を含む。　　　　　　　　　　　　　　　　　　　　　　　　　　（R3－25）

①　多数の消費者の財産に被害を生じ、又はそのおそれのある事態が発生し、それが隙間事案である場合、内閣総理大臣は事業者に対し勧告・命令等の措置をとることができる。

②　関係行政機関の長や地方公共団体等の長は、消費者安全に係る重大事故等が発生した旨の情報を得たときは、他の法律による通知や報告に関する定めがある場合等を除き、直ちに内閣総理大臣に通知しなければならない。

③　都道府県においては国民生活センターを、また、市町村においては消費生活センターをそれぞれ設置しなければならない。

④　消費者安全調査委員会は、事故等の原因について、責任追及とは目的を異にする科学的かつ客観的な究明のための調査を実施する。

⑤　重大事故等が隙間事案に該当するか否かが一見して明確でない場合、まず消費者庁がこれを隙間事案になる可能性があるものとして受け止め、その上で、法律の適用関係の確認等が行われる。

【解答】　③

【解説】①消費者安全法第40条に選択肢文の内容が規定されているので、適切

な記述である。

②消費者安全法第12条に選択肢文の内容が規定されているので、適切な記述である。

③消費者安全法では、都道府県に消費生活センターを設置することが義務付けられており、市町村には必要に応じて設置するよう定められている。一方、国民生活センターは、独立行政法人国民生活センター法で設けられた組織で、主たる事務所は神奈川県にある。よって、不適切な記述である。

④消費者安全調査委員会は、消費者安全法第15条に基づいて消費者庁に設置されるもので、目的は、生命身体事故等の原因と、被害の原因を究明するための調査であるので、適切な記述である。

⑤「消費者安全の確保に関する基本的な方針」第2項4（2）で選択肢文の内容が示されているので、適切な記述である。

□　技術の安全に関する次の記述のうち、最も不適切なものはどれか。

（R2−27）

①　定格出力が80Wを超える産業用ロボットにおいては、労働安全衛生法で定められた危険性等の調査に基づく措置を実施し、危険のおそれが無くなったと評価できるときは、人との協働作業が可能である。

②　患者と一体となって運動する機能回復ロボットの安全性については、国際標準が発行されたことから、我が国の先端医療技術の国際市場への導入促進が期待されている。

③　AIによって多くの社会システムが自動化され安全性が向上する一方で、新たなリスクも生じることから、社会はAIのベネフィットとリスクのバランスに留意する必要がある。

④　遠隔型自動運転システムの公道実証実験において、一定の基準を満たす場合には、1名の遠隔監視・操作者が複数台の実験車両を走行させることができる。

⑤　IoT機器では、サイバー攻撃を受けた場合にその影響が当該機器にとどまるため、他の関連するIoTシステムやIoTサービスへの波及を

回避できる。

【解答】　⑤

【解説】①労働安全衛生規則第150条の四で「事業者は、産業用ロボット（定格出力が80 Wを超えるもの）を運転する場合において、当該産業用ロボットに接触することにより労働者に危険が生ずるおそれのあるときは、さく又は囲いを設ける等当該危険を防止するために必要な措置を講じなければならない。」と規定されているが、平成25年12月24日付基発1224第2号で、危険のおそれが無くなったと評価できるときは該当しないとされたので、適切な記述である。

②2019年7月に機能回復ロボットに関する国際標準（IEC 60601）が発行されたので、我が国の先端医療技術の国際市場への導入促進が期待されている。よって適切な記述である。

③AIの機能によって社会システムが自動化され安全性の面でも向上が期待されるのは明白である。しかし、新たなシステムの利用によって、新たなリスクが生じるのはこれまで経験していることであるので、AIのベネフィットとリスクのバランスに留意する必要がある。よって、適切な記述である。

④令和2年9月に警察庁より公表された「自動運転の公道実証実験に係る道路使用許可基準」に選択肢文の内容が示されているので、適切な記述である。

⑤IoT機器は、ネットワークを介してシステムに影響を与える可能性があるので、サイバー攻撃を受けた場合にその影響が当該機器にとどまらず、広く影響が波及する。よって、不適切な記述である。

□　住宅地内の公園、街路樹等（農地を除く。）における農薬使用に関する次の記述のうち、最も不適切なものはどれか。　　　　　　（H30－26）

①　病害虫被害が発見された場合は、農薬使用を控え、被害を受けた部分の剪定や捕殺、機械除草等の物理的防除により対応した。

②　病害虫の発生を予防するため、いくつかの異なる農薬を現地で混合

して使用した。

③ 農薬を使用した年月日、場所及び対象植物、使用した農薬の種類等を記録し、それを一定期間保管した。

④ 農薬散布に当たっては事前に近隣住民等に十分な時間的余裕をもって周知するとともに、立て看板の表示や立入制限範囲の設定等の措置を行った。

⑤ 農薬の散布後に、周辺住民から体調不良の相談があったので、農薬中毒症状に詳しい病院等の相談窓口等を紹介した。

【解答】 ②

【解説】平成25年4月に、農林水産省から「住宅地等における農薬使用について」という通達が出されているが、その中に「住宅地等における病害虫防除等に当たって遵守すべき事項」が示されている。その第1項で、「公園、街路樹等における病害虫防除に当たっての遵守事項」が示されているので、その内容に基づいて判断を行う。

① (2) 項で、「病害虫の発生や被害の有無にかかわらず定期的に農薬を散布することをやめ、日常的な観測によって病害虫被害や雑草の発生を早期に発見し、被害を受けた部分のせん定や捕殺、機械除草等の物理的防除により対応するよう最大限努めること。」と示されているので、適切な記述である。

② (5) 項で、「公園、街路樹等における病害虫防除では、病害虫の発生による植栽への影響や人への被害を防止するためにやむを得ず農薬を使用することが原則であり、複数の病害虫に対して同時に農薬を使用することが必要となる状況はあまり想定されないことから、このような現地混用は行わないこと。」と示されているので、不適切な記述である。

③ (8) 項で、「農薬を使用した年月日、場所及び対象植物、使用した農薬の種類又は名称並びに使用した農薬の単位面積当たりの使用量又は希釈倍数を記録し、一定期間保管すること。」と示されているので、適切な記述である。

④ (7) 項で、「農薬の散布に当たっては、事前に周辺住民に対して、農薬使用の目的、散布日時、使用農薬の種類及び農薬使用者等の連絡先を十分な時間的余裕をもって幅広く周知すること。(中略) 立て看板の表示、立入制限範囲の設定等により、散布時や散布直後に、農薬使用者以外の者が散布区域内に立ち入らないよう措置すること。」と示されているので、適切な記述である。

⑤ (9) 項で、「農薬の散布後に、周辺住民等から体調不良等の相談があった場合には、農薬中毒の症状に詳しい病院又は公益財団法人日本中毒情報センターの相談窓口等を紹介すること。」と示されているので、適切な記述である。

□ テストドライバーが運転者席に乗車して実施する自動走行システムの公道実証実験について、警察庁より「自動走行システムに関する公道実証実験のためのガイドライン」が示されている。次の記述のうち、最も適切なものはどれか。 (H30−31)

① 一定の条件を満たせば、場所や時間にかかわらず、公道実証実験を行うことは現行法上でも可能である。

② テストドライバーは、運転免許は要求されないが、緊急時等に安全を確保できるよう実験車両の操作に習熟する必要がある。

③ テストドライバーは、自動走行システムを用いて走行している間、常に、ハンドル等の操作装置を把持している必要がある。

④ 自動走行システムの自動車は、通常のものに比べ事故を起こす可能性がかなり小さいと見込まれるため、実施主体は自動車損害賠償保険や任意保険に加入する必要はない。

⑤ 交通事故又は交通違反が発生した場合には、テストドライバーではなく、実施主体が運転者としての責任を負う。

【解答】 ①

【解説】 ①ガイドライン第2項「基本的制度」で選択肢文の内容が示されているので、適切な記述である。

②ガイドライン第5項「テストドライバーの要件」の（1）で、「法令に基づき運転に必要とされる<u>運転免許を保有している必要がある。</u>」と示されているので、不適切な記述である。

③ガイドライン第5項「テストドライバーの要件」の（5）で、「テストドライバーは、自動走行システムを用いて走行している間、必ずしもハンドル等の操作装置を<u>把持している必要はないが、</u>（中略）<u>緊急時等に直ちに必要な操作を行うことができる必要がある。</u>」と示されているので、不適切な記述である。

④ガイドライン第9項「賠償能力の確保」で、「実施主体は、<u>自動車損害賠償責任保険に加え、任意保険に加入するなどして、適切な賠償能力を確保するべきである。</u>」と示されているので、不適切な記述である。

⑤ガイドライン第5項「テストドライバーの要件」の（2）で、「交通事故又は交通違反が発生した場合には、<u>テストドライバーが、常に運転者としての責任を負う</u>ことを認識する必要がある。」と示されているので、不適切な記述である。

□　消費者の消費生活における被害を防止し、その安全を確保するため、「消費者安全法」が制定され、内閣総理大臣より「消費者安全の確保に関する基本的な方針」が示されている。これらの消費者安全に関する次の記述のうち、最も不適切なものはどれか。　　　　（H29 - 31）

①　消費者を含む関係者相互間のリスクコミュニケーションを充実させていくことは、消費者の安全・安心の確保に資するものであり、また、風評被害の解消への貢献も期待される。

②　消費者の安全を確保するためには、消費者事故等に関する情報の一元的な集約体制や分析機能を整備し、関係者の間での迅速な情報共有、協働・協力関係を構築していくことが重要である。

③　被害の発生や拡大の防止のために注意喚起情報を公表する際には、ルールの透明性を確保することによって、事業者の行政の対応への予見可能性を高め、産業活動を活性化させるという観点にも十分に配慮

する必要がある。

④ 重大事故等が発生した場合、被害の発生・拡大防止を図るために実施し得る他の法律に基づく措置がない事案（いわゆるすき間事案）については、消費者庁による勧告の対象となる。

⑤ 消費者安全調査委員会は、事故等の原因について、科学的かつ客観的な調査を実施し、それに基づいて責任を明確化して事業者等に是正命令を行うとともに、被害者等への情報提供を行う。

【解答】 ⑤

【解説】①「2 消費者事故等に関する情報の集約等」の（2）「情報の発信及びリスクコミュニケーション」のイ「リスクコミュニケーション」で選択肢文の内容が示されているので、適切な記述である。

②「2 消費者事故等に関する情報の集約等」の（1）「情報の集約・分析」で選択肢文の内容が示されているので、適切な記述である。

③「2 消費者事故等に関する情報の集約等」の（2）「情報の発信及びリスクコミュニケーション」のア「情報の発信」で選択肢文の内容が示されているので、適切な記述である。

④「4 他の法律の規定に基づく措置の実施に関する要求並びに事業者に対する勧告及び命令等」の（2）「事業者に対する勧告及び命令等」のア「重大事故等への対応」で選択肢文の内容が示されているので、適切な記述である。

⑤「3 消費者安全調査委員会による消費者事故等の調査等」の（1）「消費者安全調査委員会」で、調査委員会は、「必要があると認めるときは、その結果に基づき、内閣総理大臣に対し、生命身体被害の発生又は拡大の防止のため講ずべき施策又は措置について勧告することができる。」（消費者安全法第32条）、「消費者安全の確保の見地から必要があると認めるときは、生命身体事故等による被害の拡大又は当該生命身体事故等と同種若しくは類似の生命身体事故等の発生の防止のため講ずべき施策又は措置について内閣総理大臣又は関係行政機関の長に意見を述べることができる。」（同法第33条）と

示しているので、不適切な記述である。

(2) 安全文化

□　安全文化という考え方についての次の記述のうち、最も不適切なもの
はどれか。　　　　　　　　　　　　　　　　　　　　　　　　　（R2 - 31）

①　安全文化という考え方は、チェルノブイリ原発事故の原因調査を
きっかけとして生まれたものであり、当時の原子力安全の考え方や意
識そのものへの問題提起であった。

②　組織においては、自己のエラーやミスを自ら報告することは難しい
ので、厳格な検査や監査による他者の指摘を重視する雰囲気を醸成す
る必要がある。

③　組織においては、緊急時にトップの判断が常に正しいとは限らない
ので、一時的に専門家に権限委譲するといった柔軟性も必要である。

④　組織においては、改善すべきことを正しく認識し、改革を実行して
いくための意思と能力を持つ必要がある。

⑤　組織においては、公正さを保つため、許容できる行動と許容できな
い行動を線引きし、皆が合意する必要がある。

【解答】　②

【解説】①電気事業連合会では、「安全文化という考え方は、チェルノブイリ
原発事故の原因調査をきっかけとして国際原子力機関が提唱したも
のである」としているので、適切な記述である。

②安全文化を組織内に広げていくためには、自分のエラーやミスを報
告する習慣や文化を組織内に育成していく必要があるが、検査や監
査を強めるだけではそれは実現できないので、不適切な記述である。

③最近では、社会条件が急激に変化し、技術発展も急速であるため、
緊急時に行うトップの判断が適切でない場合もある。そのため、内
容によっては、一時的に専門家に権限委譲するといった対応も必要
となるので、適切な記述である。

④安全文化の醸成には、報告する文化や正義の文化、柔軟な文化、学習する文化を作る必要があるが、そのためには、改善すべきことを正しく認識し、改革を実行していくための意思と能力を持つ必要がある。よって、適切な記述である。

⑤安全文化を確立するためには、まず安全のために許容できる行動と許容できない行動を線引きし、皆が合意する必要があるので、適切な記述である。

(3) 安全法規

□　平成19年2月の小型ガス湯沸器に係る死亡事故等を背景として、消費生活用製品安全法に基づく長期使用製品安全点検制度が設けられた。本制度は、「特定保守製品」（9品目が定められている。）を購入した所有者が所有者登録することで、メーカー等からの点検時期の通知によって点検を受け、経年劣化による製品事故を未然に防止するための制度である。次の機器（ただし、家庭用として一般に市販されているものとする。）のうち、「特定保守製品」として最も適切なものはどれか。　（R2-32）

①　ビルトイン式の電気食器洗機
②　ガスで沸かした温水を利用するタイプの浴室用乾燥機
③　屋外式のガス用瞬間湯沸器
④　屋内空気を使って燃焼する開放式の石油温風暖房機
⑤　スチーム式の加湿器

【解答】　①

【解説】消費生活用製品安全法で特定保守製品として定められているのは、次の製品である。

　　　　・ガス瞬間湯沸器（屋外式のものを除く。）⇨③は不適切である。
　　　　・液化石油ガス用瞬間湯沸器（屋外式のものを除く。）
　　　　・石油給湯機
　　　　・ガスバーナー付ふろがま（屋外式のものを除く。）

・液化石油ガス用バーナー付ふろがま（屋外式のものを除く。）

・石油ふろがま

・電気食器洗機（システムキッチンに組み込むことができるように設計したものであって、<u>熱源として電気を使用する</u>ものに限る。）
⇨①は適切である。

・温風暖房機（<u>密閉燃焼式のもの</u>）⇨④は不適切である。

・<u>電気乾燥機</u>⇨②は不適切である。

⑤は上記には含まれていないので、不適切である。

したがって、①が正解である。

□　消防法で定める防火管理者に関する次の記述のうち、最も適切なものはどれか。なお、ここでいう「所轄消防署長等」とは、所轄消防長（消防本部を置かない市町村においては、市町村長。）又は消防署長のことである。　　　　　　　　　　　　　　　　　　　　　　　　（H30－27）

①　防火対象物等の管理権原者が防火管理者を定めたときは、遅滞なく所轄消防署長等に届け出なければならない。

②　防火管理者は権原を有するものの指示を受けて、防火管理に係る消防計画を作成しなければならないが、所轄消防署長等への届け出の必要はない。

③　防火管理者の責務は火災に関する消防活動であり、地震等の自然災害は対象外である。

④　大学又は高等専門学校卒業生であれば、特段の資格がなくとも、防火管理者になることができる。

⑤　多数の人が利用し、管理権原者が複数となっている大規模・高層の防火対象物では統括防火管理者の選任が好ましい。

【解答】　①

【解説】①消防法第8条第2項では、「権原を有する者は、同項の規定により防火管理者を定めたときは、遅滞なくその旨を所轄消防長又は消防署長に届け出なければならない。」と規定されているので、適切な記述

である。

②消防法施行令第3条の二の「防火管理者の責務」の第1項で、「当該防火対象物についての防火管理に係る消防計画を作成し、所轄消防長又は消防署長に届け出なければならない。」と規定されているので、不適切な記述である。

③消防法施行令第3条の二の「防火管理者の責務」の第2項で、「当該防火対象物について消火、通報及び避難の訓練の実施、消防の用に供する設備、消防用水又は消火活動上必要な施設の点検及び整備、火気の使用又は取扱いに関する監督、避難又は防火上必要な構造及び設備の維持管理並びに収容人員の管理その他防火管理上必要な業務を行わなければならない。」と規定されている。また、消防法第36条では、「火災以外の災害で政令で定めるものによる被害の軽減のため特に必要がある建築物その他の工作物として政令で定めるものについて準用する。」と規定されている。この場合において、「防火管理者」は「防災管理者」と読み替えると規定しているので、不適切な記述である。

④消防法施行令第3条の「防火管理者の資格」で、第1号「学校教育法による大学又は高等専門学校において総務大臣の指定する防災に関する学科又は課程を修めて卒業した者で、1年以上防火管理の実務経験を有するもの」と規定されているので、不適切な記述である。

⑤消防法第8条の二第1項では、高層建築物で管理について権原が分かれているものは、資格を有する者のうちから統括防火管理者を定めなければならないとされているので、不適切な記述である。

なお、平成22年度試験において、類似の問題が出題されている。

□　以下の安全やコンプライアンスに関わる制度等と、その設立や制定に先立って発生した関連する事故・不祥事等の組合せのうち、最も不適切なものはどれか。なお、制度等の名称は通称が含まれている。また、事故・不祥事等の括弧内は、その案件が発生あるいは公表されるなどして明らかとなった時期である。　　　　　　　　　　　　　　(H30－30)

	制度等	事故・不祥事等
①	製造物責任法	自動車会社におけるリコール隠し（2000年）
②	業務の適正を確保するための体制（いわゆる内部統制システム）	銀行海外支店における巨額損失事件（1995年）
③	食品安全委員会	BSEの発生（2001年）
④	官製談合防止法	自治体における農業土木談合事件（2000年）
⑤	医療事故調査制度	大学附属病院における患者取り違え（1999年）

【解答】 ①

【解説】①製造物責任法は、海外でPL法が法制化されたことから、国際協調の観点から日本でも法制化されたもので、製造物責任法の公布は1994年7月であるので、不適切な記述である。

②内部統制システムは、1995年に大和銀行ニューヨーク支店で起きた巨額損失事件がきっかけであるので、適切な記述である。

③食品安全委員会は、2001年9月に国内初のBSE（牛海綿状脳症）が発生したことがきっかけであるので、適切な記述である。

④官製談合防止法は、2000年に公取委が勧告を出した北海道上川支庁発注の農業土木事業での談合事件がきっかけであるので、適切な記述である。

⑤医療事故調査制度は、1999年1月に横浜市立大学医学部附属病院で発生した患者取り違えがきっかけであるので、適切な記述である。

なお、平成22年度、平成27年度および平成28年度試験において、「製造物責任法」に関する問題が出題されている。

2. リスクマネジメント

(1) リスクマネジメント

□　「危険性又は有害性等の調査等に関する指針」に沿ってリスクアセスメント等（事業場の危険性又は有害性等の調査を行い、その結果に基づき労働者の危険又は健康障害を防止するために必要な措置を講ずることをいう。）を行おうとする事業場がある。リスクアセスメント等を行う過程において、次の行動のうち最も適切なものはどれか。　（R3－26）

①　リスクアセスメント等の対象として、一時的な作業に使用されその終了後は撤去される仮設備を除き、事業場における恒常的な作業環境や使用材料等に係るものを抽出した。

②　危険性又は有害性の特定を行うための検討チームの編成では、思い込みや慣れに起因する見逃しを回避するため、作業内容を詳しく把握している職長等を外した。

③　事業場の建設物を設置するとき、移転するとき、変更するときにはリスクアセスメント等を行うこととし、解体するときは行わないこととした。

④　リスクの見積もりに当たり、負傷又は疾病の重篤度については、負傷や疾病の種類にかかわらず、負傷又は疾病による休業日数等を尺度として使用した。

⑤　リスク低減措置については、ア）法定事項、イ）個人用保護具の使用、ウ）マニュアル整備等の管理的対策、エ）局所排気装置等の工学的対策、オ）設計・計画段階における危険性の除去や低減、の優先順位で検討し、実施した。

【解答】 ④

【解説】 厚生労働省が公表している「危険又は有害性の調査等に関する指針同解説」の内容に基づいて選択肢の内容を検証する。

①同指針第2項の「適用」で、「建設物、設備、原材料、ガス、蒸気、粉じん等による、又は作業行動その他業務に起因する危険性又は有害性であって、労働者の就業に係る全てのものを対象とする」と示されているので、不適切な記述である。

②同指針第4項「実施体制等」のエで「調査等の実施に当たっては、作業内容を詳しく把握している職長等に危険性又は有害性の特定、リスクの見積り、リスク低減措置の検討を行わせるように努めること」と示されているので、不適切な記述である。

③同指針第5項の「実施時期」のアで「建設物を設置し、移転し、変更し、又は解体するとき」と示されているので、不適切な記述である。

④同指針第9項の「リスクの見積り」の「リスク見積り方法の例」で、「負傷又は疾病の重篤度については、基本的に休業日数等を尺度として使用する」と示しているので、適切な記述である。

⑤同指針第10項の「リスク低減措置の検討及び実施」で、法令の実施とともに、ア) 設計・計画段階における危険性の除去や低減、イ) 局所排気装置等の工学的対策、ウ) マニュアル整備等の管理的対策、エ) 個人用保護具の使用、の優先順位を示しているので、不適切な記述である。

□ 「JIS Q 31000：2010 リスクマネジメント ― 原則及び指針」に
おけるリスクマネジメントプロセス（下図）に関する次の記述のうち、
最も不適切なものはどれか。 (R1－30)

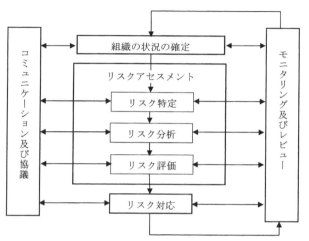

JIS Q 31000:2010 リスクマネジメント ― 原則及び指針より

図 リスクマネジメントプロセス

① リスク特定は、リスクを発見、認識及び記述するプロセスであり、
リスク源、事象、それらの原因及び起こり得る結果の特定が含まれる。

② リスク分析は、リスクの特質を理解し、起こりうる結果の大きさを
リスクレベルとして算定するプロセスである。

③ リスク評価は、リスク及び／又はその大きさが、受容可能か又は許
容可能かを決定するために、リスク分析の結果をリスク基準と比較す
るプロセスである。

④ コミュニケーション及び協議は、リスクの運用管理について、情報
の提供、共有又は取得、及びステークホルダとの対話を行うために、
組織が継続的に及び繰り返し行うプロセスである。

⑤ モニタリングは、要求又は期待されたパフォーマンスレベルとの差
異を特定するために、状態を継続的に点検し、監督し、要点を押さえ
て観察し、又は決定することである。

【解答】 ②

【解説】①選択肢文の内容は2.15項に示されているので、適切な記述である。

②リスク分析は、2.21項に「リスクの特質を理解し、<u>リスクレベルを</u>
<u>決定するプロセス</u>」と示されており、リスクレベルは、2.23項に
「<u>結果とその起こりやすさとの組合せ</u>として表される」と示されて
いるので、不適切な記述である。

③選択肢文の内容は2.24項に示されているので、適切な記述である。

④選択肢文の内容は2.12項に示されているので、適切な記述である。

⑤選択肢文の内容は2.28項に示されているので、適切な記述である。

なお、平成23年度および平成27年度試験において、リスクマトリクス
の説明問題が出題されている。

□ 「JIS Q 31000リスクマネジメント－原則及び指針」に関する次の記述
のうち、最も不適切なものはどれか。 　　　　　　　　　　(H30－25)

① リスクは、被害の大きさと発生確率により定義されるものである。

② リスク対応には、「リスク回避」、「ある機会の追求のためのリスク
の増加」、「リスク源の除去」、「起こりやすさの変更」、「結果の変更」、
「他者とリスクの共有」、「リスク保有」を含むことがある。

③ リスク対応が、新たなリスクを生み出したり、既存のリスクを修正
したりすることがある。

④ リスクアセスメントとは、「リスク特定」、「リスク分析」及び「リス
ク評価」のプロセス全体である。

⑤ リスクマネジメントとは、リスクについて組織を指揮統制するため
の調整された活動である。

【解答】 ①

【解説】①JIS Q 31000では、リスクを「<u>目的に対する不確かさの影響</u>」と定
義しているので、不適切な記述である。

②JIS Q 31000では、リスク対応の方法には選択肢文に示された7つの
対応があるとしているので、適切な記述である。

③JIS Q 31000では、「リスク対応は、対象としたリスクを小さくするが、別のリスクを派生させることがある」と示しているので、適切な記述である。

④JIS Q 31000では、リスクアセスメントを、選択肢文に示された内容で定義しているので、適切な記述である。

⑤JIS Q 31000では、リスクマネジメントを、選択肢文に示された内容で定義しているので、適切な記述である。

(2) リスクコミュニケーションと社会的受容

□　科学技術イノベーションと社会に関する次の記述のうち、最も不適切なものはどれか。 (R3-31)

①　消費者庁、食品安全委員会、厚生労働省、農林水産省等は、食品の安全性に関するリスクコミュニケーションを連携して推進している。

②　ライフサイエンスの急速な発展は、人類の福利向上に大きく貢献する一方、人の尊厳や人権に関わるような生命倫理の課題を生じさせる可能性がある。

③　遺伝子組換え技術で得られた生物は、新たな遺伝子の組合せをもたらし生物の多様性を増進することからその使用は規制されていないが、表示が義務付けられている。

④　いわゆる動物愛護管理法では、動物実験について、代替法の活用、使用数の削減、苦痛の軽減の考え方が示されている。

⑤　未来の社会変革や経済・社会的な課題への対応を図るには、多様なステークホルダー間の対話と協働が必要である。

【解答】　③

【解説】①令和元年度食育白書第2部第7章第1節第2項に選択肢文の内容が示されているので、適切な記述である。

②文部科学省、厚生労働省及び経済産業省が、「人を対象とする生命科学・医学系研究に関する倫理指針」を制定しているように、生命

倫理の課題を生じさせる可能性がある。よって、適切な記述である。

③遺伝子組換え生物等の使用等の規制による生物の多様性の確保に関する法律第4条で「遺伝子組換え生物等の第一種使用等に係る第一種使用規程の承認」が規定されているので、不適切な記述である。なお、遺伝子組換え農産物やこれを原料とする加工食品には表示義務がある。

④動物愛護管理法第41条に選択肢文の内容が示されているので、適切な記述である。

⑤平成30年版科学技術白書第6章の冒頭に選択肢文の内容が示されているので、適切な記述である。

□　リスクコミュニケーションに関する次の記述のうち、最も不適切なものはどれか。　　　　　　　　　　　　　　　　　　　　　　(R2−29)

①　地域社会において一般市民とともに潜在的な問題を掘り起こしてリスクのより適切なマネジメントにつなげていくことは、リスクコミュニケーションの目的の1つである。

②　津波防災教育として、想定されている浸水域への思い込みなどが避難行動の障害とならないように、津波対処への主体的な姿勢を身につけることを促すことは、リスクコミュニケーションの取組の1つである。

③　リスクコミュニケーションは、ステークホルダー間の異なる意見や価値観を一致させ、1つの結論を導き出すことを可能にするための手段と考えられる。

④　技術士などの専門家が、難解な専門用語を避け、データの意味や不確実性の程度、蓋然性の高いシナリオなどを伝える努力をすることは、リスクコミュニケーションの一環である。

⑤　技術士などの専門家が媒介機能を担う場合、特定のステークホルダーの利害によらない、科学的な根拠に基づいた独立性のある発信をすることが求められている。

【解答】 ③

【解説】 文部科学省が平成26年3月に公表している「リスクコミュニケーションの推進方策」に基づいて判断すると、次のようになる。

①第2項（3）の目的の②に、「地域社会において一般市民とともに潜在的な問題を掘り起こしてリスクのより適切なマネジメントにつなげていくこと」と示しているので、適切な記述である。

②第2項（3）の目的の①に、「個人のリスク認知を変えリスク対処のために適切な行動に結びつけること」と示しているので、適切な記述である。

③第2項（3）の目的の最後の説明で、「ステークホルダー間の異なる意見や価値観の画一化を図り、1つの結論を導き出すことを可能にする手段と考えることは適当ではない。」と示しているので、不適切な記述である。

④第3項（1）で、「専門家は、難解な専門用語を用いないように努めることはもちろんのこと、（中略）、蓋然性の高いシナリオを描き、行動変容に結びつけるような内的説得力を持った言葉として伝える努力が求められる。」と示しているので、適切な記述である。

⑤第4項（5）で、「専門家には特定のステークホルダーの利害によらない、科学的な根拠に基づいた独立性のある発信をすることが求められている。」と示しているので、適切な記述である。

なお、平成23年度、平成25年度、平成27年度および平成29年度試験において、リスクコミュニケーションに関する問題が出題されている。

（3）リスク認知のバイアス

□ リスク認知におけるバイアスの種類とその説明である（ア）〜（オ）の組合せとして、最も適切なものはどれか。　　　　　　（R2－30）

（ア）極めてまれにしか起きないが、被害規模が巨大な事象に対して、そのリスクを過大視する傾向のことである。

（イ）ある範囲内であれば、異常な兆候があっても、正常なものとみなし

てしまう傾向のことである。

（ウ）経験が豊富であることで、異常な兆候を過小に評価してしまう傾向のことである。

（エ）経験したことのない事象について、そのリスクを過大若しくは過少に評価してしまい、合理的な判断ができない傾向のことである。

（オ）異常事態をより明るい側面から見ようとする傾向のことである。

	カタストロフィーバイアス	バージンバイアス	正常性バイアス	楽観主義バイアス	ベテランバイアス
①	（ア）	（ウ）	（イ）	（オ）	（エ）
②	（ウ）	（オ）	（イ）	（エ）	（ア）
③	（オ）	（ア）	（イ）	（ウ）	（エ）
④	（オ）	（ア）	（エ）	（ウ）	（イ）
⑤	（ア）	（エ）	（イ）	（オ）	（ウ）

【解答】 ⑤

【解説】（ア）極めてまれにしか起きないが、壊滅的な被害をもたらすリスクに対して、過大な評価をする偏向は、「カタストロフィーバイアス」である。

（イ）異常な兆候を示す情報を得ても、正常であると解釈しようとする偏向は、「正常性バイアス」である。

（ウ）経験が豊富な事象に対して、現在の状況を考慮せず経験を優先して判断し、過小に評価してしまう偏向は、「ベテランバイアス」である。

（エ）未経験な事象に対して、できるだけ正常であると判断し、過大若しくは過少に評価してしまう偏向は、「バージンバイアス」である。

（オ）心理的なストレスを回避するために、楽観的に明るい方から見ようとする偏向は、「楽観主義バイアス」である。

したがって、アーエーイーオーウとなるので、⑤が正解である。

なお、平成21年度試験において、ベテランバイアスに関する問題が出題されている。

3．労働安全衛生管理

（1）労働災害

□　厚生労働省：平成28年労働災害動向調査及び労働災害統計における全産業の労働災害発生状況は、

　　　　度数率　1.6、　　　強度率　0.10、　　　年千人率　2.2

である。ある事業所は、従業員数200名、年間平均労働時間は1,700時間であるが、労働災害による死傷者数は2名、労働災害のために失われた労働損失日数は20日であった。この事業所の労働災害の状況に関する次の記述のうち、最も適切なものはどれか。　　　　　　　（H30－29）

①　度数率、強度率、年千人率のすべてにおいて全産業の値を上回っている。

②　度数率、強度率は全産業の値を上回っているが、年千人率は下回っている。

③　度数率、年千人率は全産業の値を上回っているが、強度率は下回っている。

④　度数率、強度率は全産業の値を下回っているが、年千人率は上回っている。

⑤　度数率、年千人率は全産業の値を下回っているが、強度率は上回っている。

【解答】　③

【解説】

$$度数率 = \frac{労働災害による死傷者数}{延実労働時間数} \times 1,000,000$$

$$= \frac{2 \times 1000000}{200 \times 1700} \fallingdotseq 5.9 > 1.6 \quad であるので、上回っている$$

$$強度率 = \frac{実労働損失日数}{延実労働時間数} \times 1,000$$

$$= \frac{20 \times 1000}{200 \times 1700} \fallingdotseq 0.06 < 0.10 \quad であるので、下回っている。$$

$$年千人率 = \frac{1年間の死傷者数}{1年間の平均労働者数} \times 1,000$$

$$= \frac{2 \times 1000}{200} = 10 > 2.2 \quad であるので、上回っている。$$

したがって、③が正解である。

なお、平成23年度および平成26年度試験において、類似の問題が出題されている。

(2) 労働安全衛生関連法

□　下図は、労働安全衛生法及び同法施行令で定められた業種別の事業所規模（労働者数）に応じた安全管理者等の配置要件を整理したものである。

　　図中の（ア）～（オ）に当てはまる用語や数字の組合せとして、最も適切なものはどれか。
(R3－28)

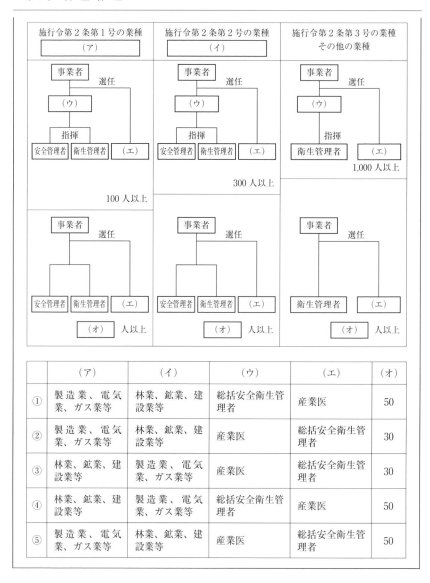

	（ア）	（イ）	（ウ）	（エ）	（オ）
①	製造業、電気業、ガス業等	林業、鉱業、建設業等	総括安全衛生管理者	産業医	50
②	製造業、電気業、ガス業等	林業、鉱業、建設業等	産業医	総括安全衛生管理者	30
③	林業、鉱業、建設業等	製造業、電気業、ガス業等	産業医	総括安全衛生管理者	30
④	林業、鉱業、建設業等	製造業、電気業、ガス業等	総括安全衛生管理者	産業医	50
⑤	製造業、電気業、ガス業等	林業、鉱業、建設業等	産業医	総括安全衛生管理者	50

【解答】 ④

【解説】法律で定められた内容であるので、示された条文箇所とともに覚える
イメージを示す。

（ア）規模が100人以上と小さい業種は、1箇所の事業所の規模が小さ
いところが「製造業、電気業、ガス業等」より多い「林業、鉱業、

172

建設業等」である（同法施行令第2条1号）。

（イ）規模が300人以上と大きいのは、「製造業、電気業、ガス業等」である（同法施行令第2条2号）。

（ウ）安全管理者と衛生管理者の上位に位置しているので、ウは「総括安全衛生管理者」である（同法第10条）。

（エ）事業者より直接選任されているので、エは「産業医」である（同法第13条）。

（オ）同法施行令第3条で安全管理者、第4条で衛生管理者、第5条で産業医を選任する規模を示しており、「50」人以上である。

　　したがって、④が正解である。

□　労働安全衛生法に基づく次の記述のうち、最も適切なものはどれか。

(R1−25)

① 医師・保健師等によるストレスチェックの実施が、全ての事業者に義務付けられている。

② ストレスチェックを実施した事業者は、医師等から労働者の検査結果を直接受領し確認して適切な就労上の措置を講じた後に、労働者に対して検査結果を通知しなければならない。

③ 事故や化学物質等による疾病、過労死は労災補償の対象とされているが、心理的負荷による精神障害等については、因果関係の特定が困難であるため、対象とされていない。

④ 受動喫煙を防止するため、従業員50人以上の事業場では、喫煙室の設置が義務付けられている。

⑤ 重大な労働災害を繰り返す企業への対応として、改善計画の作成の指示や企業名の公表の仕組みが設けられている。

【解答】　⑤

【解説】①労働安全衛生法第66条の十第1項で、「事業者は、労働者に対し、厚生労働省令で定めるところにより、医師、保健師その他の厚生労働省令で定める者による心理的な負担の程度を把握するための検査

を行わなければならない。」と規定されているが、労働安全衛生施行令第5条で、「政令で定める規模の事業場は、常時50人以上の労働者を使用する事業場とする。」と規定されているので、全ての事業者ではない。よって、不適切な記述である。なお、実施頻度については、労働安全衛生規則第52条の九で、「事業者は、常時使用する労働者に対し、1年以内ごとに1回、定期に、次に掲げる事項について法第66条の十第1項に規定する心理的な負担の程度を把握するための検査を行わなければならない。」と規定されている。

②同条第2項で、「事業者は、前項の規定により行う検査を受けた労働者に対し、厚生労働省令で定めるところにより、当該検査を行った医師等から当該検査の結果が通知されるようにしなければならない。この場合において、当該医師等は、あらかじめ当該検査を受けた労働者の同意を得ないで、当該労働者の検査の結果を事業者に提供してはならない。」と規定されているので、不適切な記述である。

③1999年9月に「心理的負荷による精神障害等に係る業務上外の判断指針」が出され、心理的負荷による精神障害等についても労災の対象となったので、不適切な記述である。

④同法第68条の二で、「事業者は、室内又はこれに準ずる環境における労働者の受動喫煙を防止するため、当該事業者及び事業場の実情に応じ適切な措置を講ずるよう努めるものとする。」と規定されており、すべての事業者が対象で、措置としては喫煙室の設置に限定していないので、不適切な記述である。

⑤同条第78条第1項で、「厚生労働大臣は、重大な労働災害として厚生労働省令で定めるものが発生した場合において、重大な労働災害の再発を防止するため必要がある場合として厚生労働省令で定める場合に該当すると認めるときは、厚生労働省令で定めるところにより、事業者に対し、その事業場の安全又は衛生に関する改善計画を作成し、これを厚生労働大臣に提出すべきことを指示することができる。」と規定されている。また、同条第6項で、「厚生労働大臣は、前項の規定による勧告を受けた事業者がこれに従わなかったときは、

その旨を公表することができる。」と規定されているので、適切な
記述である。

なお、平成24年度、平成26年度、平成28年度、平成29年度および平成
30年度試験において、「労働安全衛生法」に関する問題が出題されている。

□　高所作業において使用されるいわゆる「安全帯」に関する規制等の改
正（平成30年6月公布、平成31年2月施行）に関する次の記述のうち、
最も不適切なものはどれか。　　　　　　　　　　　　　　（R1－28）

①　従来の「胴ベルト型」は、墜落時に内臓の損傷や胸部等の圧迫によ
る危険性がある。

②　「安全帯」の名称は、「墜落制止用器具」に改められたが、従来の
「安全帯」の一部は「墜落制止用器具」に含まれない。

③　「墜落制止用器具」としては、「フルハーネス型」を使用することが
原則となった。

④　「フルハーネス型」の着用者が墜落時に地面に到達するおそれのあ
る場合（定められた一定の高さ以下）は、「胴ベルト型（一本つり）」
を使用することができる。

⑤　高さが2m以上の箇所で作業床を設けることが困難なところであっ
ても、「墜落制止用器具」のうち「フルハーネス型」のものを用いて
業務を行う労働者は、安全衛生特別教育が免除される。

【解答】　⑤

【解説】①厚生労働省は、「改正の背景」で、選択肢文の内容を説明している
　　　　　ので、適切な記述である。

　　　　②この改正で、労働安全衛生法施行令第13条第3項第28号の「安全
　　　　　帯」が「墜落制止用器具」に改められたが、「胴ベルト型（U字つ
　　　　　り）」は墜落制止機能がないため、墜落制止用器具に含まれていない
　　　　　ので、適切な記述である。

　　　　③厚生労働省が策定した「墜落制止用器具の安全な使用に関するガイ
　　　　　ドライン」の第4「墜落制止用器具の選定」の基本的考え方で、選

択肢文の内容が示されているので、適切な記述である。

④厚生労働省が策定した「墜落制止用器具の安全な使用に関するガイドライン」の第4「墜落制止用器具の選定」の基本的考え方で、選択肢文の内容が示されているので、適切な記述である。

⑤労働安全衛生規則第36条「特別教育を必要とする業務」の第41号に、「高さが2メートル以上の箇所であって作業床を設けることが困難なところにおいて、墜落制止用器具のうちフルハーネス型のものを用いて行う作業に係る業務」が規定されているので、不適切な記述である。

(3) 労働安全衛生管理

□　下図は、労働安全衛生マネジメントシステム（OSHMS）の概要について、「労働安全衛生マネジメントシステムに関する指針」に基づき作成したものである。次のうち、（ア）～（エ）に入る語句の組合せとして、最も適切なものはどれか。　　　　　　　　　　　　　　（R3-29）

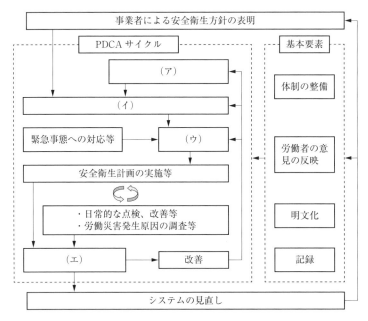

	（ア）	（イ）	（ウ）	（エ）
①	危険性又は有害性等の調査の実施	安全衛生目標の設定	安全衛生計画の作成	システム監査の実施
②	安全衛生目標の設定	安全衛生計画の作成	危険性又は有害性等の調査の実施	システム監査の実施
③	安全衛生計画の作成	安全衛生目標の設定	システム監査の実施	危険性又は有害性等の調査の実施
④	システム監査の実施	危険性又は有害性等の調査の実施	安全衛生目標の設定	安全衛生計画の作成
⑤	安全衛生目標の設定	安全衛生計画の作成	システム監査の実施	危険性又は有害性等の調査の実施

【解答】 ①

【解説】（エ）は、安全衛生計画の実施や点検、発生原因の調査などの後に行い、改善につなげているので、「システム監査の実施」である。よって、①か②が正答であるとわかる。

（ウ）は、安全衛生計画の実施の前に行っているので、「安全衛生計画の作成」である。この時点で①が正答となる。

（イ）は、安全衛生計画の作成の前に実施しているので、「安全衛生目標の設定」ある。

（ア）安全衛生システムを確立するためには、まず「危険性又は有害性等の調査の実施」が必要である。

したがって、①が正解である。

なお、平成22年度試験において、同じ図を使った問題が出題されている。

□ 高年齢者の労働安全に関して、「高年齢労働者の安全と健康確保のためのガイドライン」が策定されている。その内容に照らして、次の記述のうち最も適切なものはどれか。 （R3－32）

① 近年の60歳以上の雇用者の増加に伴い、労働災害による死傷者数に占める60歳以上の労働者の割合は増加傾向にあるが、労働災害の発生率には年齢や性別による差がみられない。

② ロコモティブシンドロームとは、加齢とともに、筋力や認知機能等の心身の活力が低下し、生活機能障害や要介護状態等の危険性が高くなった状態をいう。

③ 事故防止や急激な体調変化が生じた場合の的確な対応の観点から、高年齢労働者の健康や体力の状況に関する情報は、その氏名とともに同一事業場内において公開することが望ましい。

④ 高年齢労働者は経験のない業種や業務であっても、蓄積された知識の類推による理解が期待できることから、高年齢労働者への安全衛生教育は、集中力の持続が保てるよう、簡潔に行うのがよい。

⑤ 労働者の健康や体力の状況は高齢になるほど個人差が拡大するとされており、個々の労働者の健康や体力の状況に応じて、安全と健康の点で適合する業務を高年齢労働者とマッチングさせることが望ましい。

【解答】 ⑤

【解説】①ガイドライン概要の「背景・現状」で、「労働者千人当たりの労働災害件数（千人率）では、男女ともに若年層に比べ高年層で相対的に高い（25〜29歳と比べ65〜69歳では男性2.0倍、女性4.9倍）」と示されているので、不適切な記述である。

②第2項1（2）「危険源の特定等のリスクアセスメントの実施」で、ロコモティブシンドロームとは、「年齢とともに骨や関節、筋肉等運動器の衰えが原因で「立つ」、「歩く」といった機能（移動機能）が低下している状態のことをいう」と示されているので、不適切な記述である。

③第2項3（3）「健康や体力の状況に関する情報の取扱い」で、「労働者の健康や体力の状況に関する医師等の意見を安全衛生委員会等に報告する場合等に、労働者個人が特定されないよう医師等の意見を集約又は加工する必要がある」と示しているので、不適切な記述である。

④第2項5（1）「高年齢労働者に対する教育」で、「高年齢労働者を対象とした教育においては、作業内容とそのリスクについての理解を

得やすくするため、十分な時間をかけ、写真や図、映像等の文字以外の情報も活用すること」と示されているので、不適切な記述である。

⑤第2項4（2）「高年齢労働者の状況に応じた業務の提供」で、選択肢文の内容が示されているので、適切な記述である。

□　労働者派遣事業と請負により行われる事業について、その区分や労働安全に関する次の記述のうち、最も適切なものはどれか。　　（R2−26）

① 労働者派遣事業と請負により行われる事業とでは、労働者の安全衛生の確保に関して、雇用主、派遣先事業主、注文主が負うべき責任が異なる。

② 元方事業者は、関係請負人に対して労働安全衛生法に基づく必要な指導を行うが、関係請負人の労働者へは指導してはならない。

③ 総括安全衛生管理者の選任に係る事業場の規模を算定するための労働者数に関して、派遣労働者は、派遣先あるいは派遣元のいずれか一方の事業者において算入される。

④ 派遣先事業者は、雇入れ時の安全衛生教育、一般健康診断の実施等の労働安全衛生法上の措置を講じなければならない。

⑤ 派遣元事業者は、派遣労働者が派遣先において一定の危険又は有害な業務に従事するときは、当該派遣労働者に対し、必要な特別教育を行わなければならない。

【解答】　①

【解説】①労働者派遣事業においての労働者の安全衛生の確保は、派遣先事業者の責務であるが、請負の場合の労働者の安全衛生の確保については、雇用主の責務となる。また注文者は、注文や指示等に過失があった場合には、請負人が労働者に加えた損害を賠償しなければならない（民法第716条）ので、適切な記述である。

②元方事業者による建設現場安全管理指針について（基発第267号の2）で「元方事業者は、関係請負人に対しても、これについて指導

179

すること」と示されているので、不適切な記述である。

③総括安全衛生管理者の選任に係る事業場の規模を算定するための労働者数に関しては、派遣元は派遣労働者を含めた労働者数で判断する。また、派遣先も派遣労働者数を含めて判断するので、派遣労働者は、派遣先と派遣元の両方で算入される。よって、不適切な記述である。

④雇入れ時の安全衛生教育や一般健康診断の実施等は、その労働者の派遣先が決まってない場合もあることから、派遣元事業者が講じなければならないので、不適切な記述である。

⑤派遣労働者が派遣先において一定の危険又は有害な業務に従事するときは、その業務の内容を熟知している派遣先事業者が特別教育を行わなければならないので、不適切な記述である。

□　製造業における経験3年未満の未熟練労働者の安全衛生管理に関する次の記述のうち、最も不適切なものはどれか。なお記述は、厚生労働省調べによる平成26年までのデータを基にしている。　　　　　（H30－28）

①　休業4日以上の死傷災害における未熟練労働者の占める割合は、増加傾向にある。

②　未熟練労働者の労働災害を事故の型別で見ると約3割が挟まれ、巻き込まれである。

③　労働安全衛生法では雇い入れ時の安全衛生教育が推奨されている。

④　安全衛生教育は繰り返し実施し、身に付けさせることが重要である。

⑤　未熟練労働者に対する安全の第一歩は、職場にはさまざまな危険があるということをよく理解させ、危険に対する意識を高めることである。

【解答】　③

【解説】平成28年3月に厚生労働省から、「製造業向け未熟練労働者に対する安全衛生教育マニュアル」が公表されているので、それに基づいて判断を行う。

①第1のⅠの1項（1）で、「製造業における経験年数3年未満の労働者の死傷災害（休業4日以上）割合は増加傾向」と示されているので、適切な記述である。なお、経験年数3年以下が4割以上を占めるとしている。

②第1のⅠの1項（3）で、「製造業の未熟練労働者の労働災害を事故の型別でみると、はさまれ、巻き込まれ災害が最も多く30％を占め、次いで転落、切れ・こすれ、動作の反動・無理な姿勢（腰痛等）がある」と示されているので、適切な記述である。

③労働安全衛生規則第35条で「雇入れ時等の教育」で、「事業者は、労働者を雇い入れ、又は労働者の作業内容を変更したときは、当該労働者に対し、遅滞なく、次の事項のうち当該労働者が従事する業務に関する安全又は衛生のため必要な事項について、教育を行なわなければならない。」と義務付けているので、不適切な記述である。

④同資料第1のⅠの2項（2）では、「労働者を雇い入れたときや、まだ仕事に十分慣れない間は、従事する作業等に関する安全衛生教育を繰り返し実施し、身に付けさせることが大切」と示されているので、適切な記述である。

⑤同資料第1のⅡの1項では、「あらたに仕事についた人は、職場は安全と思っている場合が多いという意見が多く寄せられている」としており、「未熟練労働者に対する安全の第一歩は、職場にはさまざまな危険があるということをよく理解させ、危険に対する意識を高めること」と示しているので、適切な記述である。

4. 事故・災害の未然防止対応活動・技術

(1) システムの高信頼化

□　製品・システムの高信頼化に関する次の記述のうち、フォールトトレランスの例として最も適切なものはどれか。　　　　　　　　(R1－29)

① 踏切の電動遮断機は、停電が発生したとき、遮断かんが重力により自動的に降りるように設計されている。

② 鉄道車両は、その運行に関わる全ての主要部品について、可能な限り信頼性の高いものを用いるように設計されている。

③ 大学実験室のサーバは、突然停電が発生したとき、無停電電源装置が働くように設定されている。

④ デジタルカメラのバッテリーは、決まった向き以外は装着できないように設計されている。

⑤ 双発航空機のジェットエンジンは、その1つが故障したとき残りのエンジンで飛行が可能なように設計されている。

【解答】　③

【解説】フォールトトレランスは、故障や誤動作が発生しても、機能的には正しい状態が維持できるようにしておく考え方をいう。

①事故時に安全側に動作するので、「フェールセーフ」の記述である。よって、不適切である。

②故障の可能性が十分に低く、高い信頼性を維持できるようにする考え方であるので、選択肢の内容は「フォールトアボイダンス」の記述である。よって、不適切である。

③故障（停電）が発生したときに、正しい状態（給電）を継続するの

で、選択肢文の内容は「フォールトトレランス」の記述である。
よって、これが正答である。

④人間が誤って不適切な操作を行っても、危険を生じさせないように
しているので、選択肢文の内容は「フールプルーフ」の記述である。
よって、不適切である。

⑤故障が発生した際に機能を完全に喪失するのではなく、可能な範囲
で機能が維持できるようにする考え方であるので、選択肢文の内容
は「フェールソフト」の記述である。よって、不適切である。

なお、平成21年度、平成22年度、平成24年度、平成25年度および平
成26年度試験において、類似の問題が出題されている。

□　人と機械が協調して作業を行うようなシステムにおける安全確認シス
テム（インターロック）に関する次の記述のうち、最も不適切なものは
どれか。　　　　　　　　　　　　　　　　　　　　　　　　　（H26 - 26）

①　人や機械が動けばぶつかる可能性が生じるため、隔離するか、機械
を停止するのが最も納得性の高い安全である。

②　安全を確認して機械の運転を行うためには、センサなどの工学的手
段に危険側障害が生じていないことを証明しなければならない。

③　安全確認型インターロックでは、危険状態のみならず、センサの故
障で安全が確認できないときも機械が停止する。

④　危険検出型インターロックでは、危険の情報をエネルギーとして抽
出し、積極的なブレーキ動作に結びつける。

⑤　安全確認型の安全装置の故障が原因となる事故は繰り返されており、
危険検出型に交換していくことが重要である。

【解答】　⑤

【解説】①「隔離安全」や「停止安全」はインターロックの基本であるので、
適切な記述である。

②安全確認型インターロックでは、センサなどを使って危険側障害が
生じていないことを証明する手法が取られるので、適切な記述であ

る。

③安全確認型インターロックでは、危険状態の検出だけではなく、セ
ンサの故障で安全が確認できなくなったときも機械が停止するよう
計画するので、適切な記述である。

④危険検出型インターロックでは、危険の情報を検出して、機械の運
転を停止するシステムであるので、適切な記述である。

⑤危険検出型インターロックでは、センサが故障すると、危険な状態
になってもシステムは動作しないので、安全確認型インターロック
に交換していくことが重要である。よって、不適切な記述である。

(2) 事故の要因分析と対策

□　工場や現場における安全設計・対策に関する次の記述のうち、最も
不適切なものはどれか。　　　　　　　　　　　　　　　　(R1 - 31)

①　事故・災害の4M分析における4つのMは、Man（エラーを起こす
人間要因）、Machine（機械設備の欠陥・故障等の物的要因）、Media
（作業情報、作業方法、環境の要因）、Management（管理上の要因）
を示している。

②　事故対策の4Eにおける4つのEは、Education（教育）、
Enforcement（強調、強化）、Example（模範）、Engineering（工学的
対策）を示している。

③　ALARPとは、機械類に設置する非常停止装置はいつでも利用可能、
かつ、操作可能であり、その動作はすべての機能及び操作に優先する
ものとする考え方である。

④　危険検出型センサーは、故障して危険を検出することに失敗した場
合、機械を停止させないために災害に結び付くことがある。

⑤　本質的安全設計方策とは、ガード又は保護装置を使用しないで、機
械の設計又は運転特性を変更することによって、危険源を除去する又
は危険源に関連するリスクを低減する保護方策である。

【解答】 ③

【解説】①事故・災害の4M分析とは、選択肢文に示された4つのM要因を分析する手法であるので、適切な記述である。

②事故対策の4Eとは、選択肢文に示された4つのEの視点で対策を検討する手法であるので、適切な記述である。

③ALARPとは、as low as reasonably practicableの略であり、『リスクは合理的で実効可能な限りできるだけ低くしなければならない』という意味であるので、不適切な記述である。

④危険検出型センサーは、危険を検出した場合に作動するセンサーであり、センサーが危険を検出しなかった場合には危険回避の動作が行われないために、災害につながる危険性を持っているので、適切な記述である。

⑤本質的安全設計方策とは、ISO 12100で、「ガード又は保護装置を使用しないで、機械の設計又は運転特性を変更することによって、危険源を除去する又は危険源に関連するリスクを低減する保護方策」と定義されているので、適切な記述である。

(3) 未然防止活動

□　事業場の事故や災害の未然防止に係る用語の説明として、最も不適切なものはどれか。 　　　　　　　　　　　　　　　　　　　(R3 - 27)

①　危険予知訓練は、作業や職場にひそむ危険性や有害性等の危険要因を発見し解決する能力を高める手法であり、具体的な進め方として「KYT基礎4ラウンド法」等がある。

②　ツールボックスミーティングとは、作業チームの各メンバーが使用する道具に係る潜在的危険性を相互に指摘し、チーム全体で道具に起因する事故を防止する取組をいう。

③　本質的安全設計方策には、設計上の配慮・工夫による危険源そのものの除去又は危険源に起因するリスクの低減による方法や、作業者が危険区域へ立入る必然性の排除又は頻度低減による方法等がある。

---

④　ストレスチェック制度とは、労働者の心理的な負担の程度を把握するための検査及びその結果に基づく面接指導等を内容とする、法令に基づく制度である。

⑤　防火管理者とは、所定の講習課程を修了するなど一定の資格を有し、防火対象物において防火管理上必要な業務を適切に遂行できる管理的又は監督的な地位にある者で、防火対象物の管理権原者から選任された者をいう。

【解答】　②

【解説】①危険予知訓練は、作業等にひそむ危険要因や引き起こす現象を認識する手法で、(1) 現状把握、(2) 本質追及、(3) 対策樹立、(4) 目標設定を行うKYT基礎4ラウンド法などが用いられる。よって、適切な記述である。

②ツールボックスミーティングとは、職場で行う作業打合せのことで、道具箱（ツールボックス）の近くで行われるのでこう呼ばれている。よって、不適切な記述である。

③本質的安全設計方策とは、ガード又は保護装置を使用しないで、機械の設計又は運転特性を変更することによって、危険源を除去する又は危険源に関連するリスクを低減する保護方策であり、選択肢に示された方法等があるので、適切な記述である。

④ストレスチェック制度は、労働安全衛生法第66条の十第1項で定められた制度で、「心理的な負担の程度を把握するための検査」と第3項で面接指導が規定されているので、適切な記述である。

⑤防火管理者については消防法第8条で規定されており、選択肢文の内容が条文で示されているので、適切な記述である。

なお、平成22年度、平成24年度、平成27年度および平成28年度試験において、「未然防止活動」に関する問題が出題されている。

5. 危 機 管 理

---

(1) 危機管理活動

□　地震・津波防災に関する次の記述のうち、最も適切なものはどれか。

(R1－27)

①　南海トラフ地震の想定では、広域に被害が発生する一方、津波到達時間が最短でも1時間以上あることから、落ち着いた避難対応が重要となる。

②　想定される最大クラスの津波への対策は、混乱を防ぐため、海岸保全施設等の整備などのハード的対策と避難などのソフト的対策は組み合わせず、いずれかを選択する。

③　市町村は、津波からの避難の方法について、徒歩を原則としつつ、やむを得ない場合は自動車で安全かつ確実に避難できる方策をあらかじめ検討する。

④　都道府県知事は、津波浸水想定を設定し、市町村長の要請がある場合は公表する。

⑤　東海地震については、確度が高い地震の予測が可能となっていることを踏まえ、警戒宣言発表による地震発生前の避難や各種規制措置等が、主たる対策として強化されている。

【解答】　③

【解説】①南海トラフ地震での津波到達の想定時間には10分程度の地区もあるので、不適切な記述である。

②国土交通省が策定した「津波浸水想定の設定の手引き」では、「ハード的対策と避難などのソフト的対策を効果的に連携」と示さ

187

れているので、不適切な記述である。

③国土交通省の「津波避難の基本的な考え方」では、徒歩によること を原則と示しており、やむを得ず自動車で避難せざるを得ない場合 を想定して、自動車で安全かつ確実に避難できる方策をあらかじめ 検討するとしているので、適切な記述である。

④津波防災地域づくりに関する法律第8条第1項で、「都道府県知事は、 基本指針に基づき、かつ、基礎調査の結果を踏まえ、津波浸水想定 を設定するものとする。」と規定されている。また、同条第4項で、 「都道府県知事は、第1項の規定により津波浸水想定を設定したと きは、速やかに、これを、国土交通大臣に報告し、かつ、関係市町 村長に通知するとともに、公表しなければならない。」と規定されて いるので、不適切な記述である。

⑤東海地震では直前予知の可能性があるが、高い確率の予測は不可能 であるので、対策としては、ハード的対策と避難などのソフト的対 策の両面で検討している。よって、不適切な記述である。

□ 危機管理活動に関する次の（ア）〜（オ）の記述のうち、適切なもの の数はどれか。　　　　　　　　　　　　　　　　　　　（H28 - 28）

（ア）危機管理の対象となる不測事態は、爆発・火災等の産業災害や地 震・水害等の自然災害であり、労働争議・スキャンダルなどは経営問 題であるので対象外である。

（イ）危機管理活動にあたっては、組織トップが自ら直接実行するという 強い意志を示す必要がある。

（ウ）緊急事態発生時には事前に策定し訓練を行った危機管理マニュアル に従って活動が行われるべきであり、現場の管理担当者はいかなる場 合でもマニュアルに沿って活動すべきである。

（エ）緊急事態が去った後の復旧や平常状態に戻すための対策もマニュア ル化することにより、少しでも短い時間で平常状態に戻すことが災害 による被害を減らすことになる。

（オ）危機管理のためには、設備の故障やヒューマンエラーの防止などの

セーフティだけでなく、警備活動などが含まれるセキュリティも考慮
すべきである。
① 0　　② 1　　③ 2　　④ 3　　⑤ 4

【解答】　④

【解説】（ア）危機管理の対象となる不測事態には、爆発・火災等の産業災害や
　　　　　　地震・水害等の自然災害だけではなく、経営問題、ハラスメントな
　　　　　　どの企業内不祥事、テロなどの社会犯罪、政治的問題なども含まれ
　　　　　　るので、不適切な記述である

　　　（イ）危機管理の目的は、不測の事態に対して適切な対応ができるよう
　　　　　　にすることであるので、組織トップが危機管理に向けて直接実行す
　　　　　　る強い意志を示すことは必要である。よって、適切な記述である

　　　（ウ）危機管理マニュアルは、危機発生時に要求される緊急時対応を
　　　　　　円滑に実施するために策定されるが、現場においては想定していな
　　　　　　かった事態も発生することから、マニュアルに沿った活動以外を行
　　　　　　う場面はある。よって、不適切な記述である

　　　（エ）緊急事態が収束した場合には、できるだけ短い時間で平常状態に
　　　　　　戻すことが災害による二次被害等を減らす結果になるので、復旧対
　　　　　　策もマニュアル化しておく必要がある。よって、適切な記述である

　　　（オ）不測事態には、産業災害だけではなく、テロなどの社会犯罪も含
　　　　　　まれているので、危機管理には、セーフティだけではなく、セキュ
　　　　　　リティも考慮すべきである。よって、適切な記述である

　　　したがって、適切なものは3つであるので、④が正解である。
　　　なお、平成22年度、平成24年度、平成25年度および平成27年度試験
　　において、類似の問題が出題されている。

(2) 事業継続マネジメント

□　災害時における民間企業の事業継続の取組に関する次の記述のうち、
最も不適切なものはどれか。　　　　　　　　　　　　　　（H29－27）

① 災害応急対策又は災害復旧に必要な物資若しくは資材又は役務の供給又は提供を業とする者は、災害時においてもこれらの事業活動を継続的に実施するように努めなければならない。

② 事業継続計画策定や維持・更新、事業継続を実現するための予算・資源の確保、その他平常時からのマネジメント活動は事業継続マネジメントと呼ばれ、経営レベルの戦略的活動として位置付けられる。

③ 緊急時の対応手順の想定に当たっては、時間の経過とともに必要とされる内容が変化していくため、それぞれの局面ごとに実施する業務の優先順位を見定めることが重要である。

④ 緊急時においても顧客の満足を得ることが最も重要であり、すべての顧客や供給先の要望に対応すべく事前に戦略及び対策を検討することがより実践的である。

⑤ 事業継続マネジメントを実効性あるものとするには、経営者から従業員まで事業継続の重要性を共通の認識として持たせることが重要である。

【解答】 ④

【解説】事業継続マネジメント（BCM：Business Continuity Management）に関しては、平成25年8月に内閣府が改定した『事業継続ガイドライン』があるので、その内容をもとに各選択肢を検証する。

①選択肢文の内容は、1.3項「事業継続マネジメント（BCM）の必要性」に示されているので、適切な記述である。

②選択肢文の内容は、1.1項「事業継続マネジメント（BCM）の概要」に示されているので、適切な記述である。

③選択肢文の内容は、5.1.1.2項「緊急時の対応手順」に示されているので、適切な記述である。

④1.2項の「企業における従来の防災活動とBCMの関係」の冒頭で、「BCMにおいては、危機的事象の発生により、活用できる経営資源に制限が生じることを踏まえ、優先すべき重要事業・業務を絞り込み、どの業務をいつまでにどのレベルまで回復させるか、経営判断として決めることが求められる。」と示している。また、3.1項の

「事業影響度分析」では、「平常時に実施している全ての事業・業務を継続することは困難となり、重要な事業に必要不可欠な業務から優先順位を付けて継続または早期復旧することが求められる。」と示している。よって、不適切な記述である。

⑤選択肢文の内容は、6.2.1項「教育・訓練の必要性」に示されているので、適切な記述である。

なお、平成27年度試験において、類似の問題が出題されている。

(3) 災害対策関連法

□　危機管理に関する諸法制における避難等に関する次の記述のうち、最も適切なものはどれか。法の名称には通称を含む。なお、以下における対策本部長、あるいは政府対策本部長は、通常は内閣総理大臣のことを指す。　　　　　　　　　　　　　　　　　　　　　　　　　　（R1 − 26）

①　災害対策基本法：自然災害が発生し、又は発生するおそれがある場合、市町村長は、都道府県知事の許可のもとに、避難のための立退きを勧告する、又は立退きを指示することができる。

②　原子力災害対策特別措置法：原子力規制委員会は、原子力緊急事態を宣言し、市町村長及び都道府県知事に対し、屋内への退避の勧告や指示を行うべきことなどの緊急事態応急対策に関する事項を指示する。

③　国民保護法：対策本部長は、武力攻撃から国民の生命、身体又は財産を保護するため緊急の必要があると認めるときは、基本指針及び対処基本方針で定めるところにより、警報を発令しなければならない。

④　新型インフルエンザ等対策特別措置法：政府対策本部長は、新型インフルエンザ等緊急事態において、特定の都道府県の住民に対して、感染を防止するために、居宅からの外出禁止を命令することができる。

⑤　気象業務法：内閣総理大臣は、予想される現象が特に異常であるため重大な災害の起こるおそれが著しく大きい場合には、気象庁の報告に基づき、気象、地象、津波、高潮及び波浪についての特別警報を発する。

【解答】 ③

【解説】①災害対策基本法第60条で、「災害が発生し、又は発生するおそれが
ある場合において、人の生命又は身体を災害から保護し、その他災
害の拡大を防止するため特に必要があると認めるときは、市町村長
は、必要と認める地域の居住者等に対し、避難のための立退きを勧
告し、及び急を要すると認めるときは、これらの者に対し、避難の
ための立退きを指示することができる。」と規定されており、都道
府県知事の許可は必要ないので、不適切な記述である。

②原子力災害対策特別措置法第15条で、「原子力規制委員会は、次の
いずれかに該当する場合において、原子力緊急事態が発生したと認
めるときは、直ちに、内閣総理大臣に対し、その状況に関する必要
な情報の報告を行うとともに、次項の規定による公示及び第三項の
規定による指示の案を提出しなければならない。」と規定されている
ので、不適切な記述である。

③国民保護法第44条で、「対策本部長は、武力攻撃から国民の生命、
身体又は財産を保護するため緊急の必要があると認めるときは、基
本指針及び対処基本方針で定めるところにより、警報を発令しなけ
ればならない。」と規定されているので、適切な記述である。

④新型インフルエンザ等対策特別措置法第45条の「感染を防止する
ための協力要請等」で、「特定都道府県知事は、新型インフルエン
ザ等緊急事態において、新型インフルエンザ等のまん延を防止し、
国民の生命及び健康を保護し、並びに国民生活及び国民経済の混乱
を回避するため必要があると認めるときは、当該特定都道府県の住
民に対し、新型インフルエンザ等の潜伏期間及び治癒までの期間並
びに発生の状況を考慮して当該特定都道府県知事が定める期間及び
区域において、生活の維持に必要な場合を除きみだりに当該者の居
宅又はこれに相当する場所から外出しないことその他の新型インフ
ルエンザ等の感染の防止に必要な協力を要請することができる。」と
規定されているので、不適切な記述である。

⑤気象業務法第13条の二で、「気象庁は、予想される現象が特に異常

であるため重大な災害の起こるおそれが著しく大きい場合として
降雨量その他に関し気象庁が定める基準に該当する場合には、政令
の定めるところにより、その旨を示して、気象、地象、津波、高潮
及び波浪についての一般の利用に適合する<u>警報をしなければならな
い。</u>」と規定されており、内閣総理大臣が警報を発するわけではない
ので、不適切な記述である。

□　防災情報や避難行動に関する次の記述のうち、最も適切なものはどれ
　　か。　　　　　　　　　　　　　　　　　　　　　　　　　　(H30－32)

①　災害時にとるべき避難行動については、市町村長は地域の居住者等
　　に避難勧告や避難指示をすることができるが、避難場所の指示につい
　　ては自治会や居住者等の判断に委ねられている。

②　平成28年の台風10号による岩手県岩泉町の高齢者施設における被
　　災を踏まえて、「避難準備情報」の名称が「避難準備・高齢者等避難
　　開始」に変更された。

③　災害対策基本法においては、1つの市町村の区域を越えて住民が避
　　難する場合の市町村間の協議の手続は定められていない。

④　記録的短時間大雨情報は、大雨警報発表の有無にかかわらず、その
　　地域にとって災害の発生に繋がる、数年に一度しか発生しないような
　　短時間の大雨が今後予測される場合に発表される。

⑤　土砂災害の危険性の理解を深め、土砂災害警戒区域の指定を促進す
　　るため、都道府県により基礎調査が実施されているが、その結果の公
　　表の要否は市町村長によって判断されている。

【解答】　②

【解説】　①災害対策基本法第60条の「市町村長の避難の指示等」で、「災害が
　　　　　発生し、又は発生するおそれがある場合において、人の生命又は身
　　　　　体を災害から保護し、その他災害の拡大を防止するため特に必要が
　　　　　あると認めるときは、市町村長は、必要と認める地域の居住者等に
　　　　　対し、<u>避難のための立退きを勧告し</u>、及び急を要すると認めるとき

は、これらの者に対し、<u>避難のための立退きを指示することができ</u><u>る</u>。」と規定されている。また、同法第49条の四で、「市町村長は、防災施設の整備の状況、地形、地質その他の状況を総合的に勘案し、必要があると認めるときは、災害が発生し、又は発生するおそれがある場合における円滑かつ迅速な避難のための立退きの確保を図るため、政令で定める基準に適合する施設又は場所を、洪水、津波その他の政令で定める異常な現象の種類ごとに、<u>指定緊急避難場所と</u><u>して指定しなければならない</u>。」と規定されているので、不適切な記述である。

②平成28年の台風10号による水害では、岩手県岩泉町の高齢者施設において避難準備情報の意味が正しく伝わっていなかったために適切な行動がとられなかった。そういった事例を踏まえて、平成29年1月に名称が「避難準備・高齢者等避難開始」に変更されたので、適切な記述である。

③災害対策基本法第17条に「地方防災会議の協議会」が規定されており、「都道府県相互の間又は市町村相互の間において、当該都道府県又は市町村の区域の全部又は一部にわたり都道府県相互間地域防災計画又は市町村相互間地域防災計画を作成することが必要かつ効果的であると認めるときは、当該都道府県又は市町村は、協議により規約を定め、都道府県防災会議の協議会又は市町村防災会議の<u>協議会を設置することができる</u>。」と規定されているので、不適切な記述である。

④記録的短時間大雨情報は、<u>大雨警報発表中に、数年に一度しか発生</u><u>しないような短時間の大雨を観測、解析（気象レーダーと地上の雨</u><u>量計を組み合わせた分析）した場合に発表される</u>ので、不適切な記述である。

⑤土砂災害警戒区域等における土砂災害防止対策の推進に関する法律の第4条第1項で、「都道府県は、（中略）調査（以下「基礎調査」という。）を行うものとする。」と規定されている。また、同条第2項に「<u>都道府県は、基礎調査の結果を、（中略）、関係のある市町村</u>

（特別区を含む。）の長に通知するとともに、<u>公表しなければならない。</u>」と規定されているので、不適切な記述である。

□　津波による災害から国民の生命、身体及び財産の保護を図ることを目的として、「津波防災地域づくりに関する法律」が制定され、国土交通省より「津波防災地域づくりの推進に関する基本的な指針」が示されている。これらの津波防災地域づくりに関する次の（ア）〜（オ）の記述のうち、適切なものの数はどれか。　　　　　　　　　　（H29−30）

（ア）津波浸水想定の設定・公表及び津波防災地域づくりの推進計画の作成は、地域の実情を最も把握している市町村が行う。

（イ）津波浸水想定は、平均的なクラスの津波を想定し、過度な対策につながらないよう設定する。

（ウ）住民等が津波から逃げることができるよう、警戒避難体制を特に整備すべき土地の区域が指定される。

（エ）住民の生命及び身体を保護するために、一定の開発行為及び一定の建築物の建築を制限すべき土地の区域が指定される。

（オ）指定された区域内において、津波避難建築物の整備を促進するため、防災用備蓄倉庫等を備えた一定の基準を満たす建築物について、容積率規制が緩和される。

①　1　　②　2　　③　3　　④　4　　⑤　5

【解答】　③

【解説】（ア）津波防災地域づくりに関する法律第8条第1項に、「<u>都道府県知事は、基本指針に基づき、かつ、基礎調査の結果を踏まえ、津波浸水想定</u>（津波があった場合に想定される浸水の区域及び水深をいう。）<u>を設定するものとする。</u>」と規定されているので、不適切な記述である。なお、同法第10条第1項で、「<u>市町村は、基本指針に基づき、かつ、津波浸水想定を踏まえ、単独で又は共同して、当該市町村の区域内について、津波防災地域づくりを総合的に推進するための計画（以下「推進計画」という。）を作成することができる。</u>」と規定

されている。

（イ）同法第8条第1項に、「都道府県知事は、基本指針に基づき、かつ、基礎調査の結果を踏まえ、津波浸水想定（津波があった場合に想定される浸水の区域及び水深をいう。）を設定するものとする。」と規定されている。具体的には、「津波防災地域づくりの推進に関する基本的な指針」で、想定においては、最大クラスの津波を想定して設定するとされているので、不適切な記述である。

（ウ）同法第53条第1項で、「都道府県知事は、基本指針に基づき、かつ、津波浸水想定を踏まえ、津波が発生した場合には住民その他の者の生命又は身体に危害が生ずるおそれがあると認められる土地の区域で、当該区域における津波による人的災害を防止するために警戒避難体制を特に整備すべき土地の区域を、津波災害警戒区域として指定することができる。」と規定されているので、適切な記述である。

（エ）同法第72条第1項で、「都道府県知事は、基本指針に基づき、かつ、津波浸水想定を踏まえ、警戒区域のうち、津波が発生した場合には建築物が損壊し、又は浸水し、住民等の生命又は身体に著しい危害が生ずるおそれがあると認められる土地の区域で、一定の開発行為及び一定の建築物の建築又は用途の変更の制限をすべき土地の区域を、津波災害特別警戒区域として指定することができる。」と規定されているので、適切な記述である。

（オ）同法第15条第1項で、「推進計画区域内の第56条第1項第1号及び第2号に掲げる基準に適合する建築物については、防災上有効な備蓄倉庫その他これに類する部分で、建築基準法第2条第35号に規定する特定行政庁が交通上、安全上、防火上及び衛生上支障がないと認めるものの床面積は、（中略）に規定する建築物の容積率の算定の基礎となる延べ面積に算入しない。」と規定されているので、適切な記述である。

　したがって、適切なものは（ウ）、（エ）、（オ）の3つであるので、③が正解である。

6．システム安全工学手法

（1）システム安全工学手法

□　次のA〜Dのシステム安全工学手法と、その特徴の説明である（ア）
〜（エ）の組合せとして、最も適切なものはどれか。　　　（R2−25）

A：VTA

B：FTA

C：FMEA

D：ETA

（ア）作業がすべて通常どおりに進行していれば事故は起こらないとの考
えの下で、通常から逸脱した操作や判断、その結果としての状態を時
間軸に沿って分析する。

（イ）頂上事象の発生に必要な条件と要因の因果関係を明らかにし、それ
をツリー状に展開して表現する。

（ウ）初期事象がいろいろな経路をたどり、最終的にどのような事象にま
で進展するのかを明らかにする。

（エ）システムの構成要素ごとに固有の故障モードを同定し、それらの故
障モードが発生したときのシステムに及ぼす影響を分析する。

	A	B	C	D
①	エ	イ	ア	ウ
②	エ	ウ	ア	イ
③	ウ	ア	イ	エ
④	ア	イ	エ	ウ
⑤	ア	ウ	エ	イ

【解答】 ④

【解説】(ア) 正常な状態や判断、作業から外れたものを変動要因として探って、時間軸に沿って分析するヒューマンエラー解析手法はVTA（Variation Tree Analysis）であるので、VTA（＝A）が適切である。

（イ) 頂上事象から始まって、一次事象、二次事象、……、n次事象と枝分かれして要因の因果関係を明らかにするのは、フォールトツリー分析（FTA）であるので、FTA（＝B）が適切である。

（ウ) 災害などの引き金になる重大な初期事象（Event）を設定し、それから結果として生じうる事象をシーケンスに列記していき、最終的に発生する災害とその発生確率を評価する手法はイベントツリー分析（ETA）であるので、ETA（＝D）が適切である。

（エ) 構成要素の故障モードを解析して、機器やシステム全体に与える影響を調べる帰納的解析手法は、故障モード影響解析（FMEA）であるので、FMEA（＝C）が適切である。

したがって、アーイーエーウとなるので、④が正解である。

なお、平成21年度、平成23年度および平成26年度試験において、類似の問題が出題されている。

□　下図は、Tを頂上事象、A1、A2を中間事象、X1〜X5を原因事象と
するフォールトツリーである。次の記述のうち、必ずTが生起するもの
はどれか。なお、各原因事象間には特段の因果関係は無いものとする。

（R1－32）

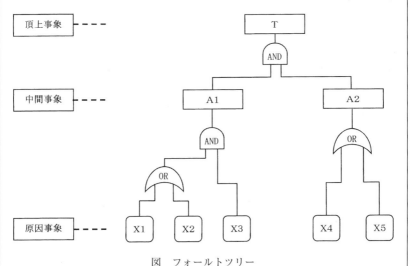

図　フォールトツリー

①　X1〜X5のうち4つ以上生起するとき。

②　X1、X2、X3のいずれか1つ、および、X4およびX5が生起するとき。

③　X1、X2、X3のいずれか2つ、および、X4またはX5が生起するとき。

④　X1、X2、X3、X4のいずれか3つ、およびX5が生起するとき。

⑤　X1、X2、X4、X5のいずれか3つ、およびX3が生起するとき。

【解答】　⑤

【解説】必ずTが生起する場合は、A1とA2がともに生起しているときである。
A1が必ず生起するためには、X3は生起しなければならないので、①、
②、③、④は正答ではないとわかる。⑤はX3が生起しており、その他
の4つのうち3つが生起するというのは、4つのうち1つが生起してい
ない場合であるので、X1＋X2、X4＋X5は必ず生起する。

したがって、⑤が正解である。

　　なお、平成26年度試験において、イベントツリー分析の計算問題が
出題されている。

(2) システム信頼度解析

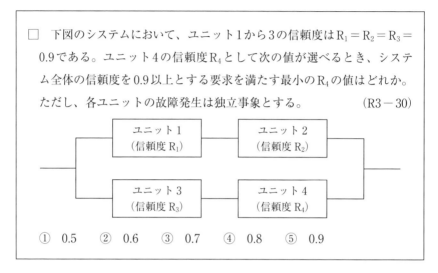

□　下図のシステムにおいて、ユニット1から3の信頼度は$R_1 = R_2 = R_3 = 0.9$である。ユニット4の信頼度R_4として次の値が選べるとき、システム全体の信頼度を0.9以上とする要求を満たす最小のR_4の値はどれか。ただし、各ユニットの故障発生は独立事象とする。　　　(R3-30)

ユニット1 (信頼度 R_1)	ユニット2 (信頼度 R_2)
ユニット3 (信頼度 R_3)	ユニット4 (信頼度 R_4)

① 0.5　② 0.6　③ 0.7　④ 0.8　⑤ 0.9

【解答】　②

【解説】　上段と下段の故障率は次のようになる。

$$上段の故障率 = 1 - 0.9^2 = 0.19$$

$$下段の故障率 = 1 - 0.9R_4$$

上記の故障率から全体の信頼性は次のようになる。

$$1 - 0.19(1 - 0.9R_4) \geqq 0.9$$

$$-0.19 + 0.171R_4 \geqq -0.1$$

$$0.171R_4 \geqq 0.09$$

$$171R_4 \geqq 90$$

$$R_4 \geqq \frac{90}{171} \fallingdotseq 0.526$$

したがって、最小のR_4の値は0.6となるので、②が正解である。

　　なお、平成23年度、平成27年度および平成29年度試験において、類似の問題が出題されている。

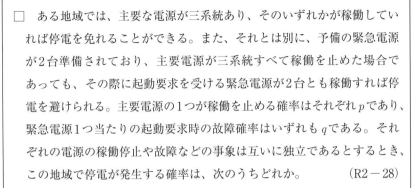

(R2－28)

□　ある地域では、主要な電源が三系統あり、そのいずれかが稼働していれば停電を免れることができる。また、それとは別に、予備の緊急電源が2台準備されており、主要電源が三系統すべて稼働を止めた場合であっても、その際に起動要求を受ける緊急電源が2台とも稼働すれば停電を避けられる。主要電源の1つが稼働を止める確率はそれぞれpであり、緊急電源1つ当たりの起動要求時の故障確率はいずれもqである。それぞれの電源の稼働停止や故障などの事象は互いに独立であるとするとき、この地域で停電が発生する確率は、次のうちどれか。　　　(R2－28)

① $p^3 q^2$

② $p^3 (1-q)^2$

③ $(1-p)^3 q^2$

④ $p^3 \{1-(1-q)^2\}$

⑤ $\{1-(1-p)^3\} q^2$

【解答】　④

【解説】この地域で停電が発生する場合は、主要な電源の三系統すべてが稼働を止めると同時に、予備の緊急電源の1つ以上が稼働しなかった場合である。

　　　　主要な電源の三系統すべてが稼働を止める確率 $A = p^3$
　　　　予備の緊急電源が2台とも稼働する確率 $B = (1-q)^2$
　　　　予備の緊急電源の1つ以上が稼働しない確率
　　　　$C = 1 - B = 1 - (1-q)^2$
　　　　停電が発生する確率 $= A \cdot C = p^3 \{1-(1-q)^2\}$

　　　したがって、④が正解である

□　ある状態量が閾値x以上となった場合に異常として判断する安全システムにおいて、異常であるにもかかわらず正常と判断される確率を未検知率p、正常である場合に異常と判断される確率を誤検知率qとして、次のように表されるとする。

$$p = \frac{x}{1+x} \qquad q = \frac{1}{1+4x}$$

未検知率 $p < 0.20$ となるように閾値 x を設定した場合の、誤検知率 q の取り得る値の範囲として最も適切なものはどれか。なお、閾値 x は正の値であるものとし、有効数字は小数点以下 2 桁とする。　　　(H29 - 29)

① 　$0 < q < 0.20$

② 　$0.20 < q < 1$

③ 　$0 < q < 0.50$

④ 　$0.50 < q < 1$

⑤ 　$0.20 < q < 0.50$

【解答】　④

【解説】 q の式を変形すると次のようになる。

$$q + 4qx = 1$$
$$4qx = 1 - q$$
$$x = \frac{1-q}{4q}$$

この x を p の式に代入すると次のようになる。

$$p = \frac{\dfrac{1-q}{4q}}{1 + \dfrac{1-q}{4q}} = \frac{1-q}{4q + 1 - q} = \frac{1-q}{3q+1} < 0.20$$

$$1 - q < 0.6q + 0.2$$
$$q + 0.6q > 1 - 0.2$$
$$1.6q > 0.8$$
$$q > 0.50$$

なお、確率値である q は $q < 1$ であるので、$0.50 < q < 1$
したがって、④が正解である。

第5章

社会環境管理

この章では、過去に択一式問題として出題された項目を、総合技術監理キーワード集の社会環境管理に示された項目の順番に合わせて示します。社会環境管理では、これまで地球的規模の環境問題、地域環境問題、環境保全の基本原則、組織の社会的責任と環境管理活動の問題が出題されています。

1. 地球的規模の環境問題

(1) 持続可能な開発

□　SDGs実施指針改定版（令和元年に改定された我が国の持続可能な開発目標（SDGs）実施指針）に関する次の記述のうち、最も不適切なものはどれか。 (R3－33)

① SDGs実施指針改定版は、SDGs推進の中長期的な国家戦略として、SDGsに係る国内外における最新の動向を踏まえ日本の取組の方向性を示すものである。

② 我が国では、SDGsを浸透させるため、「ジャパンSDGsアワード」や「SDGs未来都市」の選定を通じた活動の「見える化」など、広報・啓発に努めている。

③ SDGsを達成するための取組を実施するに際しては、SDGsが経済、社会、環境の三側面を含むものであること、及びこれらの相互関連性を意識することが重要である。

④ 主なステークホルダーの1つとして取り上げられている「新しい公共」とは、共通の地域課題の解決を目指す複数の地方公共団体の連携組織の総称である。

⑤ SDGsの認知度は年々向上しており、特に10代・20代での向上が顕著である。

【解答】　④

【解説】①第1項「序文」(2)「SDGs実施指針改定の意義」に選択肢文の内容が示されているので、適切な記述である。

②第2項「現状の分析」(1)「これまでの取組」に選択肢文の内容が

示されているので、適切な記述である。

③第3項「ビジョンと優先課題」(1)「ビジョン」に選択肢文の内容が示されているので、適切な記述である。

④第5項「今後の推進体制」(3) オ「新しい公共」で、「新しい公共すなわち、従来の行政機関ではなく、地域の住民やNPO等」と示しているので、不適切な記述である。

⑤第5項「今後の推進体制」(4)「広報・啓発」に選択肢文の内容が示されているので、適切な記述である。

□　国連で採択された「持続可能な開発のための2030アジェンダ」(以下「2030アジェンダ」という。) 及びそこに掲げられたSDGs (持続可能な開発目標) の17のゴールに関する次の記述のうち、最も不適切なものはどれか。　　　　　　　　　　　　　　　　　　　　　　　(R1 − 33)

①　2030アジェンダは、過去に策定された「ミレニアム開発目標」の後継として、2015年に国連サミットで採択された、2030年までの国際開発目標である。

②　2030アジェンダでは、目標達成のために各国政府や市民社会、民間セクターを含む様々な主体が連携し、ODAや民間資金も含むリソースを活用していくグローバル・パートナーシップの構築が重要とされている。

③　2030アジェンダでは、持続可能な開発のキーワードとして、人間 (People)、地球 (Planet)、繁栄 (Prosperity)、平和 (Peace)、連帯 (Partnership) が掲げられており、SDGsの17のゴールはこの「5つのP」を具現化したものである。

④　SDGsの大きな特徴として、先進国向けと途上国向けに大きく区分された2種類の目標が準備されており、各国がその経済状況に応じて目標を選択することが可能となっていることが挙げられる。

⑤　日本のSDGs推進本部が決定したSDGs実施指針に掲げられた全ての優先課題には、国内実施と国際協力の両面が含まれている。

【解答】　④

【解説】①「持続可能な開発のための2030アジェンダ」は、2001年に策定され
たミレニアム開発目標（MDGs）の後継として、2015年9月に国連
サミットで採択された2016年から2030年までの国際目標であるので、
適切な記述である。

②SDGsの17の目標の、目標17.16で、「マルチステークホルダー・
パートナーシップ」によって補完し、持続可能な開発のためのグ
ローバル・パートナーシップを強化すると示されているので、適切
な記述である。

③持続可能な開発のキーワードとして、選択肢文に示された「5つのP」
があり、そのキーワードの下に17のゴールが挙げられているので、
適切な記述である。

④SDGsの前文で、「すべての国及びすべてのステークホルダーは、
協同的なパートナーシップの下、この計画を実行する」としている
ので、不適切な記述である。

⑤「SDGs実施指針」として8つの優先課題が挙げられており、すべ
ての優先課題について、国内実施と国際協力の両面が含まれると示
されているので、適切な記述である。

(2) 気候変動・エネルギー問題

□　気候変動適応法や気候変動適応計画に関する次の記述のうち、最も不
適切なものはどれか。　　　　　　　　　　　　　　　　　　　（R2 − 33）

①　政府には、気候変動適応計画を策定する義務があり、都道府県には、
その区域における地域気候変動適応計画を策定する努力義務がある。

②　気候変動適応に関する施策を推進するため、国及び地方公共団体の
責務が定められるとともに、事業者及び国民に対して、国及び地方公
共団体が進める施策に協力することが求められている。

③　気候変動適応計画は、我が国唯一の地球温暖化に関する総合計画で
あり、主な内容として、国内の温室効果ガスの排出削減目標と目標達

成のための対策が取りまとめられている。

④　国立研究開発法人国立環境研究所が果たすべき役割として、気候変動影響及び気候変動適応に関する情報の収集、整理、分析などを行うことが定められている。

⑤　気候変動適応に関する施策の効果の把握・評価については、適切な指標設定の困難さや効果の評価に長期間を要することもあり、諸外国においても具体的な手法は確立されていない。

【解答】　③

【解説】①同法第7条で「政府は、気候変動適応に関する施策の総合的かつ計画的な推進を図るため、気候変動適応に関する計画（以下「気候変動適応計画」という。）を定めなければならない。」と規定されている。また、第12条で「都道府県及び市町村は、その区域における自然的経済的社会的状況に応じた気候変動適応に関する施策の推進を図るため、単独で又は共同して、気候変動適応計画を勘案し、地域気候変動適応計画を策定するよう努めるものとする。」と規定されているので、適切な記述である。

②国の責務は第3条に、地方公共団体の責務は同法第4条に定められている。また、事業者の努力が第5条に、国民の努力は第6条に定められており、国及び地方公共団体の気候変動適応に関する施策に協力するよう努めるものとするとされているので、適切な記述である。

③気候変動適応計画では、「気候変動適応に関する施策の基本的方向」や「気候変動等に関する科学的知見の充実及びその活用に関する事項」などが定められているので、不適切な記述である。

④同法第11条「研究所による気候変動適応の推進に関する業務」の第1号に選択肢文の内容が定められているので、適切な記述である。

⑤気候変動の状況も明確ではなく、気候変動適応に関する施策の効果の把握・評価についても確固たる指標などがないので、具体的な手法は国際的にも確立していない。よって、適切な記述である。

□　地球温暖化対策に関する次の記述のうち、最も適切なものはどれか。
なお、二国間クレジット制度は二国間オフセット・クレジット制度と呼ばれることもある。　　　　　　　　　　　　　　　　　　（H29 − 36）

① 平成28年版のいわゆる環境白書によると、日本の2014年度の温室効果ガス総排出量は、2005年度の総排出量に比べて増加し、1990年度の総排出量に比べて減少している。

② パリ協定では、「世界的な平均気温上昇を、産業革命以前に比べて1.5℃より十分低く保つこと」を目標にしている。

③ パリ協定では、すべての国が5年ごとにいわゆる削減目標を提出・更新する仕組み、及び先進国の適応計画プロセスや行動の実施を規定している。

④ 我が国の地球温暖化対策計画では、温室効果ガスの排出抑制・吸収に関する中期目標として、2030年度において、1990年度比40％減の水準とすることとしている。

⑤ 我が国の二国間クレジット制度は、途上国への温室効果ガス削減技術等の普及や対策実施を通じ、実現した温室効果ガス排出削減・吸収への日本の貢献を定量的に評価するとともに、日本の削減目標の達成に活用する制度である。

【解答】　⑤

【解説】①日本の2014年度の温室効果ガス総排出量は約13億6,400万CO_2トンで、2005年度の総排出量に比べて2.4％減少し、1990年度の総排出量に比べて7.3％増加しているので、不適切な記述である。

②パリ協定では、「世界的な平均気温上昇を、産業革命以前に比べて2℃より十分低く保つとともに、1.5℃に抑える努力を追求する」と掲げているので、目標は2℃である。よって、不適切な記述である。

③パリ協定では、すべての国が5年ごとに削減目標を提出・更新する仕組みや、すべての国の適応計画プロセスや行動の実施等を規定しているので、不適切な記述である。

④我が国は、2030年までに<u>2013年度比26％減</u>（2005年度比25.4％減）の削減目標を提出しているので、不適切な記述である。なお、2021年に我が国は、2030年までに2013年度比46％減を発表している。

⑤二国間クレジット制度は、パリ協定の第6条で定められており、内容は選択肢文のとおりであるので、適切な記述である。

なお、平成27年度試験において、類似の問題が出題されている。

□　エネルギー白書2020（令和元年度エネルギーに関する年次報告）における国内エネルギー動向に関する次の記述のうち、最も適切なものはどれか。なお、ここでは、エネルギー自給率とは一次エネルギーの国内供給に対する国内産出の割合をいい、原子力は国内産出のエネルギーとする。　　　　　　　　　　　　　　　　　　　　　　　　（R3－34）

① 産業部門のうち製造業におけるエネルギー消費については、第一次石油ショック当時と比べ、経済成長に伴う生産量の増加により、2018年度では大きく増加している。

② 家庭部門・運輸部門におけるエネルギー消費については、第一次石油ショック当時と比べ、エネルギー利用機器や自動車などの省エネルギー化が進んだことから、2018年度も同程度の水準にとどまっている。

③ 1990年から2017年までの実質GDP当たりのエネルギー消費については、日本はOECD加盟国の平均を上回る水準で推移している。

④ 2017年の一次エネルギー国内供給の化石エネルギーへの依存度については、日本はアメリカ、中国、フランスに比べ低い水準にある。

⑤ 2018年度の我が国のエネルギー自給率は概ね1割程度であり、主に石炭や水力など国内の天然資源に依存していた1960年度より大幅に低下した。

【解答】　⑤

【解説】①製造業の2018年度エネルギー消費は、第一次石油ショック当時と比較すると、<u>0.9倍まで減少</u>しているので、不適切な記述である。

②第一次石油ショック当時を100とすると、2018年度では、家庭部門

は約186と増加しており、運輸部門は旅客部門が200、貨物部門が約137となっているので、大きく増加している。よって、不適切な記述である。

③1990年から2017年までの実質GDP当たりのエネルギー消費については、日本はOECD加盟国の平均を下回る水準で推移しており、2017年比では、日本を1とするとOECDは1.5となっているので、不適切な記述である。

④2017年の一次エネルギー国内供給の化石エネルギーへの依存度は91.0％であり、アメリカの81.9％、中国の88.7％、フランスの49.0％に比べて高い水準にあるので、不適切な記述である。

⑤2018年度の我が国のエネルギー自給率は11.8％であり、1960年度の58.1％より大幅に低下しているので、適切な記述である。

なお、平成28年度試験において、類似の問題が出題されている。

□　我が国の第5次エネルギー基本計画における基本的な方針に関する次の記述のうち、最も不適切なものはどれか。　　　　　　　　　　（R1－34）

①　エネルギー政策の要は、安全性を前提に、エネルギーの安定供給を第一とし、経済効率性の向上による低コストでのエネルギー供給を実現し、同時に、環境への適合を図ることである。

②　危機時であっても安定供給を確保するためには、エネルギー源ごとの強みが最大限に発揮され、弱みが他のエネルギー源によって適切に補完されるような組合せを持つ、多層的な供給構造を実現することが必要である。

③　エネルギー市場における競争の活性化のためには、既存のエネルギー事業者の相互参入や異業種からの新規参入、さらに地域単位でエネルギー需給管理サービスを行う自治体や非営利法人等がエネルギー供給構造に自由に参加することが期待される。

④　電源を「ベースロード電源」、「ミドル電源」、「ピーク電源」に分類した場合、一般水力（流れ込み式）、原子力、石油はベースロード電源のエネルギー源に、揚水式水力、石炭はピーク電源のエネルギー源

に位置づけられる。

⑤　水素は、取扱い時の安全性の確保が必要であるが、エネルギー効率が高く、利用段階で温室効果ガスの排出がないことから、将来の二次エネルギーで、電気、熱に加え、中心的な役割を担うことが期待される。

【解答】　④

【解説】①第2章第1節第1項「エネルギー政策の基本的視点（3E＋S）の確認」の（1）「エネルギー政策の基本的視点（3E＋S）」で、選択肢文の内容が示されているので、適切な記述である。

②第2章第1節第2項「"多層化・多様化した柔軟なエネルギー需給構造"の構築と政策の方向」の（1）「各エネルギー源が多層的に供給体制を形成する供給構造の実現」で、選択肢文の内容が示されているので、適切な記述である。

③第2章第1節第2項の（3）「構造改革の推進によるエネルギー供給構造への多様な主体の参加」で選択肢文の内容が示されているので、適切な記述である。

④第2章第1節第3項「一次エネルギー構造における各エネルギー源の位置付けと政策の基本的な方向」では、「ベースロード電源」としては地熱、一般水力（流れ込み式）、原子力、石炭が示されており、「ピーク電源」としては石油、揚水式水力が示されているので、不適切な記述である。

⑤第2章第1節第4項「二次エネルギー構造の在り方」の（3）「水素："水素社会"の実現」で、選択肢文の内容が示されているので、適切な記述である。

なお、令和3年10月22日に第6次エネルギー基本計画が閣議決定されたので、その内容を確認しておくことをお勧めする。

(3) 生物多様性

□　生物多様性の保全に関する次の記述のうち、最も不適切なものはどれ
か。なお、法律名、条約名、議定書名は、略称を用いている場合がある。

(R3－35)

① 　生物多様性国家戦略は、生物多様性条約及び生物多様性基本法に基
づく、生物多様性の保全及び持続可能な利用に関する国の基本的な計
画である。

② 　生物の多様性の保全及び持続可能な利用は、地球温暖化が生物の多
様性に深刻な影響を及ぼすおそれがあるとともに、生物の多様性の保
全及び持続可能な利用は地球温暖化の防止等に資するとの認識の下に
行われなければならない。

③ 　生物多様性条約は生物の多様性を包括的に保全するための国際的な
枠組みであり、その締結後それを補完するために、希少種や特定の地
域の生物種の保護を目的としたワシントン条約や国際的に重要な湿地
に関するラムサール条約などが締結された。

④ 　名古屋議定書は、遺伝資源の取得の機会とその利用から生ずる利益
の公正かつ衡平な配分の着実な実施を確保するための手続を定めてい
る。

⑤ 　カルタヘナ議定書は、遺伝子組換え生物等が生物の多様性の保全及
び持続可能な利用に及ぼす可能性のある悪影響を防止するための措置
を規定している。

【解答】　③

【解説】①生物多様性国家戦略は、生物多様性条約第6条及び生物多様性基本
法第11条の規定に基づき策定される基本的な計画であるので、適切
な記述である。

②生物多様性基本法第3条第5項に選択肢文の内容が示されているの
で、適切な記述である。

③ワシントン条約は1973年、ラムサール条約は1971年に締結されて

いるのに対して、生物多様性条約は上記2条約を補完する形で1993年に発効しているので、不適切な記述である。

④名古屋議定書の正式名称は、「生物の多様性に関する条約の遺伝資源の取得の機会及びその利用から生ずる利益の公正かつ衡平な配分に関する名古屋議定書」であるので、適切な記述である。

⑤カルタヘナ議定書の第1条「目的」に選択肢文の内容が示されているので、適切な記述である。

□　生物多様性の保全に関する次の記述のうち、最も適切なものはどれか。

(R2－34)

① いわゆる種の保存法による個体の取扱い規制や生息地の保護など、保全に必要な措置の対象となる国内希少野生動植物種は、環境省のレッドリストに掲載された野生動植物種と一致している。

② いわゆるラムサール条約は、特に水鳥の生息地として国際的に重要な湿地を対象としており、人工のものや一時的なものは含まれない。

③ いわゆるワシントン条約は、絶滅のおそれのある野生動植物の保護を目的としているが、絶滅のおそれの程度に応じて、条件が整えば学術目的や商業目的のための国際取引は可能である。

④ 産業構造の変化等に伴う里山林などの資源利用の減少は、我が国全体として、里地里山における生物多様性の質と量の両面での向上につながるものと期待されている。

⑤ いわゆる外来生物法における特定外来生物には、生きている個体及びその器官に限らず、死んだ個体も含まれる。

【解答】　③

【解説】①国内希少野生動植物種は、環境省のレッドリストに掲載された野生動植物種（絶滅危惧Ⅰ類、Ⅱ類）のうちで、人為の影響により生息・生育状況に支障をきたしているものの中から指定されているので、環境省のレッドリストとは一致していない。よって、不適切な記述である。

②ラムサール条約の第1条で「湿地とは、天然のものであるか人工のものであるか、永続的なものであるか一時的なものであるかを問わず……」と示しているので、不適切な記述である。

③ワシントン条約では、「野生動植物の一定の種が<u>過度に国際取引に利用されることのないよう</u>これらの種を保護するために国際協力が重要」と規定されているように、条件が整えば国際取引は可能であるので、適切な記述である。

④環境省は、「里地里山の多くは人口の減少や高齢化の進行、産業構造の変化により、里山林や野草地などの利用を通じた自然資源の循環が少なくなることで、大きな環境変化を受け、里地里山における生物多様性は、質と量の両面から<u>劣化が懸念</u>されています。」と示しているので、不適切な記述である。

⑤外来生物法第2条の中に、「個体（卵、種子その他政令で定めるものを含み、<u>生きているものに限る</u>。）」と示されているので、不適切な記述である。

なお、平成30年度試験において、類似の問題が出題されている。

□　いわゆる外来生物法（特定外来生物による生態系等に係る被害の防止に関する法律）とその運用に関する次の記述のうち、最も不適切なものはどれか。

（H30－37）

①　特定外来生物とは、生態系、人の生命や身体、農林水産業に被害を及ぼし、又は及ぼすおそれがあるとして定められた外来生物の、生きている個体（卵、種子等を含む。）及びその器官をいう。

②　個体としての識別が容易な大きさと形態を有するものに限らず、細菌類やウイルス等の微生物のなかにも、特定外来生物として選定されているものがある。

③　特定外来生物の国内での飼養等は、災害時において緊急に対処すべき場合などを除き、目的、施設、方法等の要件を満たし、主務大臣による許可を得た者に限り認められる。

④　特定外来生物の野外への放出は、特定外来生物の防除の推進に資す

る学術研究が目的の場合、主務大臣の許可を受けて行うことができる。

⑤　輸入通関時の検査等において、輸入品に特定外来生物の付着又は混入が確認された場合には、主務大臣は当該輸入品の所有者や管理者に消毒又は廃棄を命ずることができる。

【解答】　②

【解説】①同法第2条第1項に選択肢の内容が示されているので、適切な記述である。

②平成26年3月に環境省が公表した「特定外来生物被害防止基本方針」で、「個体としての識別が容易な大きさ及び形態を有し、特別な機器を使用しなくとも種類の判別が可能な生物分類群を特定外来生物の選定の対象とし、菌類、細菌類、ウイルス等の微生物は当分の間対象としない。」と示されており、同法施行令第1条の「政令で定める外来生物」で示した別表第一の中に細菌類やウイルス等は示されていないので、不適切な記述である。

③同法の第4条で「飼養等の禁止」が定められているが、第5条では「飼養等の許可」も定められており、選択肢文の内容が示されているので、適切な記述である。

④同法の第9条で「放出等の禁止」が定められているが、第9条の二では「放出等の許可」も定められており、選択肢文の内容が示されているので、適切な記述である。

⑤同法第24条の二の「輸入品等の検査等」で、選択肢文の内容が示されているので、適切な記述である。

2. 地域環境問題

(1) 循環型社会の形成と廃棄物処理

□　第四次循環型社会形成推進基本計画に関する次の記述のうち、最も不適切なものはどれか。　　　　　　　　　　　　　　　　(R3 − 36)

①　物質フローの3つの断面である「入口」、「循環」、「出口」のそれぞれを代表する指標とそれらの数値目標が設定されている。

②　大規模災害時に発生する災害廃棄物の処理が大きな課題となっていることなどから、万全な災害廃棄物処理体制の構築に関する取組指標として、地方公共団体の災害廃棄物処理計画の策定率が代表指標とされた。

③　国民は、自らも廃棄物等の排出者であり、環境負荷を与えその責任を有している一方で、循環型社会づくりの担い手でもあることを自覚して行動することが求められる。

④　金融機関や投資家には、循環型社会づくりに取り組む企業・NPOや、循環型社会づくりにつながるプロジェクト等に対して、的確に資金供給することなどが期待される。

⑤　リデュース、リユース、リサイクルのうち、リサイクルは、リデュース、リユースに比べて優先順位が高いものの、取組が遅れている。

【解答】　⑤

【解説】　①同計画で、「入口」、「循環」、「出口」に、「資源生産性」、「循環利用率」、「最終処分量」の物質フロー指標とその数値目標が設定されているので、適切な記述である。

②同計画で、災害廃棄物処理計画策定率の2025年度目標として、都

道府県100%、市区町村60%が定められているので、適切な記述である。

③同計画4.2.3項「国民に期待される役割」に、選択肢文の内容が示されているので、適切な記述である。

④同計画4.2.6項「事業者に期待される役割」に、選択肢文の内容が示されているので、適切な記述である。

⑤リサイクルに比べて優先順位が高いのはリデュース、リユースであるが、その取組が遅れているので、2Rという言葉が使われている（同計画の注釈43項記載）。よって、不適切な記述である。

□　第四次循環型社会形成推進基本計画を踏まえ、令和元年5月に策定されたプラスチック資源循環戦略に関する次の記述のうち、最も不適切なものはどれか。　　　　　　　　　　　　　　　　　　　　　（R2－35）

① 可燃ごみ指定収集袋など、焼却せざるを得ないプラスチックには、カーボンニュートラルであるバイオマスプラスチックを最大限使用し、かつ確実に熱回収する。

② 一度使用した後にその役目を終えるプラスチック製容器包装・製品が不必要に使用・廃棄されないよう、レジ袋の有料化を義務化することなどにより、消費者のライフスタイルの変革を促す。

③ 分別・選別されるプラスチック資源の品質・性状等に応じて、材料リサイクル、ケミカルリサイクル、熱回収を最適に組み合わせることで、資源有効利用率の最大化を図る。

④ 海洋プラスチック対策としては、マイクロプラスチックの海洋への流出の抑制に加え、海洋生分解性プラスチックなど海で分解される素材の開発・利用を進める。

⑤ 廃プラスチックについては、我が国のリサイクルや熱回収の技術を導入したアジア各国と連携して処理するなど、グローバル戦略により対応する。

【解答】　⑤

【解説】①選択肢文の内容は、同計画の基本原則に示されているので、適切な記述である。

②選択肢文の内容は、同計画の重点戦略の（1）①に示されているので、適切な記述である。

③選択肢文の内容は、同計画の重点戦略の（1）②に示されているので、適切な記述である。

④選択肢文の内容は、同計画の重点戦略の（2）に示されているので、適切な記述である。

⑤同計画では、プラスチック資源循環や海洋プラスチック対策で得られた知見・経験・技術・ノウハウは、世界各国で共有するとともに、必要な支援を行うグローバル戦略を示しているので、不適切な記述である。

□　リサイクル関連法に関する次の記述のうち、最も適切なものはどれか。

(R2－36)

①　いわゆる容器包装リサイクル法には、消費者の分別排出、市町村の分別収集、及び特定の容器を製造する事業者に対する一定量の再商品化についての定めがある。

②　いわゆる家電リサイクル法では、エアコン、冷蔵庫、パソコン、カメラなどの家電について、小売業者による消費者からの引取りと製造業者等への引渡しを義務付けている。

③　いわゆる食品リサイクル法に基づき策定された基本方針では、事業系の食品ロスを2030年度までにゼロとする目標を掲げている。

④　いわゆる建設リサイクル法で定める特定建設資材には、コンクリート、コンクリート及び鉄から成る建設資材、木材、建設機械で使用済みとなった廃油などが含まれる。

⑤　いわゆる自動車リサイクル法では、自動車破砕残さ、フロン類、エアバッグの3品目については、自動車メーカーが引き取り、リサイクルすることを定めている。

【解答】　①

【解説】①容器包装リサイクル法では、第4条で消費者の分別排出、第6条で市町村の分別収集、第12条で特定の容器を製造する事業者に対する一定量の再商品化が定められているので、適切な記述である。

②家電リサイクル法の対象は、ユニット形エアコン、テレビ、電気冷蔵庫・電気冷凍庫、電気洗濯機・衣類乾燥機であるので、不適切な記述である。

③食品リサイクル法に基づき策定された基本方針では、事業系の食品ロスを2030年までに半減させる目標を掲げているので、不適切な記述である。

④建設リサイクル法の対象は、木材、コンクリート、アスファルトであるので、不適切な記述である。

⑤自動車リサイクル法の特定再資源化等物品とは、特定再資源化物品である自動車破砕残さ及び指定回収物品（エアバッグ等）とフロン類をいうが、引き取り、リサイクルの義務は、自動車製造業者等（製造メーカーおよび輸入業者等）にあるので、不適切な記述である。

なお、平成27年度試験において、リサイクル関連法に関する問題が出題されている。

□　循環型社会形成推進基本法に関する次の記述のうち、最も不適切なものはどれか。　　　　　　　　　　　　　　　　　　　　　　　（R1－35）

①　循環型社会の形成は、このために必要な措置が国、地方公共団体、事業者及び国民の適切な役割分担の下に講じられなければならない。

②　原材料にあっては効率的に利用されること、製品にあってはなるべく長期間使用されること等により、廃棄物等となることができるだけ抑制されなければならない。

③　循環資源の循環的な利用及び処分に当たっては、技術的及び経済的に可能な範囲で、(i) 再使用、(ii) 再生利用、(iii) 熱回収、(iv) 処分の優先順位に基づき行われなければならない。

④　循環資源はその有用性から廃棄物には当たらないため、循環的な利

用が行われない場合の処分は、いわゆる資源有効利用促進法に基づい
て行われなければならない。

⑤　事業者は、原材料等がその事業活動において廃棄物等となることを
抑制するために必要な措置を講ずる責務を有している。

【解答】　④

【解説】①同法第4条に「循環型社会の形成は、このために必要な措置が国、
地方公共団体、事業者及び国民の適切な役割分担の下に講じられ、
かつ、当該措置に要する費用がこれらの者により適正かつ公平に負
担されることにより、行われなければならない。」と規定されている
ので、適切な記述である。

②同法第5条に「原材料にあっては効率的に利用されること、製品に
あってはなるべく長期間使用されること等により、廃棄物等となる
ことができるだけ抑制されなければならない。」と規定されている
ので、適切な記述である。

③同法第7条に「技術的及び経済的に可能な範囲で、かつ、次に定め
るところによることが環境への負荷の低減にとって必要であること
が最大限に考慮されることによって、これらが行われなければなら
ない。」と規定されており、一で「再使用」、二で「再生利用」、三
で「熱回収」、四で「処分」が示されているので、適切な記述である。

④同法第2条で、循環的な利用が行われない場合に処分する際には、
廃棄物として処分することが規程されているので、廃棄物の処理及
び清掃に関する法律に基づいて行われなければならない。よって、
不適切な記述である。

⑤同法第11条「事業者の責務」で、「基本原則にのっとり、その事業
活動を行うに際しては、原材料等がその事業活動において廃棄物等
となることを抑制するために必要な措置を講ずるとともに、……」
と規定されているので、適切な記述である。

なお、平成23年度、平成26年度および平成29年度試験において、
類似の問題が出題されている。

(2) 公　害

□　公害関連法に関する次の記述のうち、最も不適切なものはどれか。

(R3－37)

① 　大気汚染防止法による規制の対象には、工場から大気中への水銀の排出も含まれる。

② 　騒音規制法の対象には、新幹線鉄道騒音も含まれる。

③ 　水質汚濁防止法による規制の対象には、工場から地下への水の浸透も含まれる。

④ 　土壌汚染対策法の対象となる土壌の特定有害物質には、自然由来のものも含まれる。

⑤ 　ダイオキシン類対策特別措置法による規制の対象には、工場から公共用水域へ排出される水も含まれる。

【解答】　②

【解説】①大気汚染防止法第1条の目的で、「工場及び事業場における事業活動に伴う水銀等の排出を規制し」と示されているので、適切な記述である。

②新幹線鉄道騒音に係る環境基準は、環境基本法第16条の規定によるものであるので、不適切な記述である。なお、騒音規制法は、工場や事業場における事業活動と建設工事に伴って発生する騒音を規制するものである。

③水質汚濁防止法第1条の目的で、「工場及び事業場から公共用水域に排出される水の排出及び地下に浸透する水の浸透を規制するとともに」と規定されているので、適切な記述である。

④環境省水・大気環境局長通知（平成22年3月5日）において、自然由来により汚染された土壌についても土壌汚染対策法の対象となったので、適切な記述である。

⑤ダイオキシン類対策特別措置法第2条第2項の「特定施設」として、「工場又は事業場に設置される施設のうち、製鋼の用に供する電気

炉、廃棄物焼却炉その他の施設であって、ダイオキシン類を発生し及び大気中に排出し、又はこれを含む汚水若しくは廃液を排出する施設」が示されているので、適切な記述である。

□ 平成22年度から平成28年度までの期間（以下、「対象期間」という）について、全国の自動車排出ガス測定局の有効測定局における環境基準の達成状況に関する次の記述のうち、最も不適切なものはどれか。なお、環境基準の達成状況については「大気汚染の状況　資料編」（平成26年度版、平成28年度版　環境省）に依る。　　　　　　　　　　　（R1－40）

① 二酸化窒素については、対象期間を通じて環境基準の達成率が9割を超えており、平成28年度においても、ほとんどの局が環境基準を達成した。

② 浮遊粒子状物質については、対象期間を通じて環境基準の達成率が一貫して低下傾向を示し、平成28年度の達成率は約1割程度に留まった。

③ 微小粒子状物質については、環境基準の達成率が前年度を下回る年度はあったが、対象期間全体では達成率は向上傾向を示し、平成28年度の達成率は約9割となった。

④ 光化学オキシダントについては、対象期間を通じて環境基準の達成率が1割以下の極めて低い値で推移し、平成28年度は全ての局が環境基準を達成できなかった。

⑤ 二酸化硫黄については、平成28年度も含め、対象期間の全ての年度において、全ての局が環境基準を達成した。

【解答】　②

【解説】　①平成28年度版の環境基準達成率によると、二酸化窒素は一般局で100％、自排局で99.7％となっているので、適切な記述である。

②平成28年度版では、浮遊粒子状物質の環境基準達成率は一般局・自排局とも100％となっているので、不適切な記述である。

③平成28年度版では、微小粒子状物質の環境基準達成率は一般局・

自排局ともに改善し、一般局で88.7%、自排局で88.3%となっているので、適切な記述である。

④平成28年度版では、光化学オキシダントの環境基準達成率は、一般局で0.1%、自排局で0%となっているので、適切な記述である。

⑤平成28年度版では、二酸化硫黄の環境基準達成率は一般局・自排局とも100%で、近年はほとんど全ての測定局で環境基準を達成していると示されているので、適切な記述である。

□　微小粒子状物質（PM2.5）に関する次の記述のうち、最も適切なものはどれか。　　　　　　　　　　　　　　　　　　　　　　（H30－39）

①　PM2.5については、その発生メカニズムや人の健康への影響等について未解明な部分が多く、環境基準は定められていない。

②　PM2.5については、光化学オキシダントと同様、注意報や警報を発令すべき濃度が法令により定められている。

③　PM2.5の濃度については、例年夏季から秋季にかけて変動が大きく、上昇する傾向が見られ、冬季から春季にかけては比較的安定した値が観測されている。

④　PM2.5には、物の燃焼などによって直接排出されるものや土壌など自然由来のもののほか、硫黄酸化物や窒素酸化物等のガス状物質が大気中で光やオゾンと反応して生成されるものもある。

⑤　PM2.5の年平均濃度に対する中国や朝鮮半島からの越境汚染の寄与割合は、全国的にほぼ一定であり、地域的な差はほとんどないと推計されている。

【解答】　④

【解説】①環境基本法第16条に基づきPM2.5の環境基準が定められており、年平均値が$15\,\mu g/m^3$以下であり、かつ、日平均値が$35\,\mu g/m^3$以下とされているので、不適切な記述である。

②環境省が公表しているQ&Aによると、「専門家会合において、暫定的な指針となる値としての1日平均値$70\,\mu g/m^3$に対応する1時間

値 85 $\mu g / m^3$（5〜7時の1時間値の平均値）、1時間値 80 $\mu g / m^3$（5〜12時の1時間値の平均値）を超えた場合は、都道府県等が注意喚起を行うことを推奨しています。ただし、この値は光化学オキシダントの場合のような法令に基づく措置ではないので、注意報や警報は発令されません。」と回答しているので、不適切な記述である。

③環境省が公表しているQ&Aによると、「例年、冬季から春季にかけてはPM2.5濃度の変動が大きく、上昇する傾向がみられ、夏季から秋季にかけては比較的安定した濃度が観測されています。」と回答しているので、不適切な記述である。

④PM2.5の発生源としては、ボイラや自動車などの人為的な燃焼で発生するものだけでなく、火山や黄砂などの自然由来のものがあるが、半分以上は硫黄酸化物や窒素酸化物等が紫外線やオゾンと反応して二次生成したものであるので、適切な記述である。

⑤環境省は、「PM2.5の年平均濃度への越境汚染の寄与割合は、西日本で大きく、九州地方では約7割、関東地方では約4割と推計されている。」と発表しているので、不適切な記述である。

(3) 異常気象と防災

□　気候変動の観測・予測及び影響評価統合レポート2018による我が国の気候の長期的傾向に関する次の記述のうち、最も不適切なものはどれか。

(R2−37)

なお、猛暑日とは日最高気温が35℃以上の日、冬日とは日最低気温が0℃未満の日、短時間強雨とは1時間降水量80mm以上の降雨、無降水日とは日降水量が1mm未満の日のことをいう。また、統計期間は、年平均気温、猛暑日、冬日、無降水日については概ね100年間、短時間強雨については概ね40年間である。

①　年平均気温は上昇しており、その上昇速度は世界の平均より大きい。

②　猛暑日の年間日数は増加している。

③　冬日の年間日数は減少している。

④ 短時間強雨の年間発生回数は増加している。

⑤ 無降水日の年間日数は減少している。

【解答】 ⑤

【解説】①日本は100年当たり1.19℃上昇しているのに対して、世界は133年間で0.85℃の上昇であるので、日本の上昇速度は世界の平均より大きい。よって、適切な記述である。

②猛暑日は、10年当たり0.2日の割合で増加しているので、適切な記述である。

③冬日の日数は、統計期間（1931年〜2016年）では減少しているので、適切な記述である。

④短時間強雨の年間発生回数は、1976年〜2016年の40年間では増加しているので、適切な記述である。

⑤日降水量1.0 mm以上の日数は減少しているので、無降水日の年間日数は増加している。よって、不適切な記述である。

なお、平成27年度試験において、類似の問題が出題されている。

□　暑さ対策や熱中症に関する次の記述のうち、最も不適切なものはどれか。　　　　　　　　　　　　　　　　　　　　　　　　　　　（H30 − 40）

① ヒートアイランド現象の原因としては、人工排熱の増加、地表面の人工化、都市形態の高密度化が挙げられ、これらの原因や地域の状況等に応じた対策を講じることが重要である。

② 環境省は熱中症予防のため、気象庁の数値予報データをもとに、夏場に国内各地について暑さ指数の予測値を提供している。

③ 熱中症は、気温や湿度などの周辺環境だけではなく、栄養状態や寝不足等の体調、労働や運動の内容によっても発症リスクが変わる。

④ 平成28年においては、国内の熱中症による死亡者の約半数を未成年者が占めている。

⑤ めまい、頭痛、筋肉痛等の熱中症を疑わせる症状が出た場合は、涼しい場所へ移り、水や塩分を補給するとよい。

【解答】　④

【解説】①ヒートアイランド現象は、都市における人工排熱の増加や、アスファルト舗装などによる植生域の縮小、都市建物の高層化による高密度化によって発生する。そのため、地域の状況やその地域の気象状況に応じて対策を講じる必要があるので、適切な記述である。

②環境省は、「熱中症予防情報サイト」で暑さ指数の予測値を提供しているので、適切な記述である。

③熱中症は暑さ指数が高くなると発症リスクが上がるが、体調が悪く体内水分が減っていたり、激しい運動や労働で体温が急激に上昇したりする場合にも発症リスクが高くなるので、適切な記述である。

④厚生労働省から公表されている「人口動態統計」によると、平成28年の熱中症による死亡者数の約79%を65歳以上が占めているので、不適切な記述である。

⑤熱中症の症状が出た場合には、涼しい場所に移動し、体を冷やして体温を下げるとともに、水分や塩分を補給するとよいので、適切な記述である。

(4) 放射性物質による環境問題

□　東北地方太平洋沖地震に伴う原子力発電所の事故により放出された放射性物質による環境汚染からの回復状況に関する次の記述のうち、最も適切なものはどれか。なお、以下において、湖沼の水質並びに底質については、環境省が実施している水環境に関する「福島県及び周辺地域の放射性物質モニタリング」の調査結果に基づくものとし、また空間線量率については、原子力規制委員会（当初は文部科学省）が実施している「福島県及びその近隣県における航空機モニタリング」における、福島第一原子力発電所から半径80 km圏内の測定結果に基づくものとする。前者のモニタリングにおいて、「周辺県」とは、対象とする湖沼が存在する県のうち福島県以外の県をいい、放射性セシウムの検出下限値は、水質が1 Bq/L、底質が10 Bq/kgである。　　　　　　　　　　(R1－36)

① 土壌等の除染は除染実施計画に基づいて進められてきており、帰還困難区域を除けば、当該計画に基づく面的除染はおおむね7割程度完了している。

② 汚染状況重点調査地域に指定された市町村のうち、これまでにその指定が解除された市町村はない。

③ 湖沼の水質に関して、2013年度以降のモニタリング結果において放射性セシウムは、周辺県ではすべて不検出であり、福島県においても検出率は減少傾向にある。

④ 湖沼の底質に関して、2016年度のモニタリング結果において放射性セシウムは、福島県内では検出されているが、周辺県ではすべて不検出である。

⑤ 空間線量率について、2011年8月時点と比較して5年後に約5割減少すると推定されていたが、実際の減少量はこの推定をやや下回るペースとなっており、遅れ気味である。

【解答】 ③

【解説】①2018年までに帰還困難区域を除くすべての面的除染が完了しているので、不適切な記述である。

②汚染状況重点調査地域に指定された市町村のうち、会津坂下町や昭和村などの市町村が2018年までに解除されているので、不適切な記述である。

③湖沼の水質における放射性セシウムは、福島県浜通りの13地点で検出された以外は、すべて不検出であったので、適切な記述である。

④放射性セシウムは、土壌の粒子と強く結びつくため湖沼の底質の量は減少しにくいが、調査結果でも、福島県以外では、茨城県や千葉県でも検出されているので、不適切な記述である。

⑤「福島県及びその近隣県における航空機モニタリング」のデータによると、実際の減少量は選択肢文に示された推定をやや上回るペースとなっているので、不適切な記述である。

なお、平成26年度、平成28年度および平成29年度試験において、

類似の問題が出題されている。

3. 環境保全の基本原則

(1) 環境基本法

□　第五次環境基本計画では、環境政策の実施に係る7つの手法が示され
ている。そのうちの5つの手法と各々の適用事例との組合せとして、次
のうち最も不適切なものはどれか。　　　　　　　　　　　　　　(R3−38)

① 直接規制的手法：　大気汚染防止法によるばい煙の総量規制
② 枠組規制的手法：　化学物質に関するPRTR制度
③ 経済的手法　　：　税制優遇による財政的支援
④ 情報的手法　　：　エコマークなどの環境ラベル
⑤ 手続的手法　　：　再生可能エネルギーの固定価格買取制度

【解答】　⑤

【解説】①直接規制的手法は法令などで強制的に達成させる手法であるので、
　　　　適切な組合せである。

　　　　②枠組規制的手法は、目標を提示して達成を義務付ける手法であるの
　　　　で、排出量や移動量を届けるPRTR制度は、適切な組合せである。

　　　　③経済的手法は、経済的なインセンティブを付与する手法であるので、
　　　　適切な組合せである。

　　　　④情報的手法は、環境負荷の少ない製品を消費者等が選択できるよう
　　　　にする手法であるので、適切な組合せである。

　　　　⑤手続的手法は、意思決定過程で、環境配慮のため判断を行う手続な
　　　　どを組み込む手法であるので、不適切な組合せである。なお、再生
　　　　可能エネルギーの固定価格買取制度は、経済的手法といえる。

□　第五次環境基本計画等に関する次の記述のうち、最も不適切なものは
どれか。 (R2－38)

① 環境基本計画は、環境基本法に基づき、環境の保全に関する総合的
かつ長期的な施策の大綱等を定めるものである。

② 第五次環境基本計画は、持続可能な開発のための2030アジェンダや、
温室効果ガスの排出等に係るパリ協定なども踏まえ、定められた。

③ 第五次環境基本計画では、各地域が自立・分散型の社会を形成しつ
つ、地域資源を補完し支え合いながら農山漁村も都市も活かす「地域
循環共生圏」の創造を目指している。

④ 第五次環境基本計画では、様々な環境分野におけるそれぞれの特定
課題を直接的に解決することに比重を置いた分野別の重点戦略を設定
している。

⑤ 第五次環境基本計画では、東日本大震災からの復興・創生とともに、
南海トラフ地震等における災害廃棄物の処理等今後の大規模災害発災
時の対応を、重点戦略を支える環境政策の根幹の1つと位置付けてい
る。

【解答】 ④

【解説】①環境基本法第15条で「政府は、環境の保全に関する施策の総合的
かつ計画的な推進を図るため、環境の保全に関する基本的な計画
（以下「環境基本計画」という。）を定めなければならない。」と規定
されているので、適切な記述である。

②第五次環境基本計画は平成30年（2018年）に閣議決定されたもの
であるので、2015年に採択された2030アジェンダやパリ協定などを
踏まえて定められている。よって、適切な記述である。

③第五次環境基本計画では、目指すべき社会の姿として、「地域循環
共生圏」を挙げているので、適切な記述である。

④第五次環境基本計画では、分野横断的な6つの重点戦略を設定して
いるので、不適切な記述である。

⑤第五次環境基本計画では、重点戦略を支える環境政策の根幹の1つとして「東日本大震災からの復興・創生及び今後の大規模災害時の対応」を挙げているので、適切な記述である。

なお、平成25年度および平成30年度試験において、第四次環境基本計画の問題が出題されている。

□　環境基本法に基づき定められている環境基準に関する次の記述のうち、最も適切なものはどれか。　　　　　　　　　　　　　　　（H30 − 34）

①　環境基準は、大気の汚染、水質の汚濁、土壌の汚染、ダイオキシン類、騒音及び振動に係る環境上の条件について定められている。

②　大気の汚染に係る環境基準として、硫化水素、一酸化炭素、浮遊粒子状物質、鉛及び光化学オキシダントの5物質について定められている。

③　騒音に係る環境基準は、航空機騒音、鉄道騒音にも適用される。

④　水質の汚濁に係る環境基準には、水生生物の保全に係る水質環境基準も設定されている。

⑤　土壌の汚染に係る環境基準は、汚染がもっぱら自然的原因によることが明らかであると認められる場所を除くすべての場所に例外なく適用される。

【解答】　④

【解説】①環境基本法第16条で、「政府は、<u>大気の汚染、水質の汚濁、土壌の汚染及び騒音</u>に係る環境上の条件について、それぞれ、人の健康を保護し、及び生活環境を保全する上で維持されることが望ましい基準を定めるものとする。」と規定されているので、不適切な記述である。

②大気の汚染に係る環境基準として、<u>二酸化いおう</u>、一酸化炭素、浮遊粒子状物質、<u>二酸化窒素</u>、光化学オキシダントの5物質について定められているので、不適切な記述である。

③騒音に関しては、1）騒音に係る環境基準、2）航空機騒音に係る環境基準、3）新幹線鉄道騒音に係る環境基準が<u>それぞれ定められて</u>

いるので、不適切な記述である。

④水質の汚濁に係る環境基準は、人の健康の保護に関する環境基準と生活環境の保全に関する環境基準があるが、生活環境の保全の内容には水生生物の保全に係る水質環境基準が含まれているので、適切な記述である。

⑤環境省水・大気環境局長通知（平成22年3月5日）において、自然由来により汚染された土壌についても土壌汚染対策法の対象となったので、不適切な記述である。

なお、平成25年度、平成26年度および平成27年度試験において、環境基準の問題が出題されている。

(2) 環境基本原則と環境関連用語

□　環境政策の原則や取組方法の考え方に関する次の記述のうち、最も不適切なものはどれか。　　　　　　　　　　　　　　　　　　（R1－37）

①　源流対策の原則とは、製品などの設計や製法に工夫を加え、汚染物質や廃棄物をそもそも作らないようにすることを優先すべきという考え方である。

②　協働原則とは、公共主体が政策を行う場合には、政策の企画、立案、実行の各段階において、政策に関連する民間の各主体の参加を得て行わなければならないという考え方である。

③　補完性原則とは、環境施策の処理はできる限り広域的行政単位が担い、それになじまない事柄に限って、より基礎的な行政単位が処理すべきという考え方である。

④　未然防止原則とは、環境の保全は、環境上の支障が生じてからではなく、科学的知見に基づき、支障の発生を未然に防ぐことを旨として行われなければならないという考え方である。

⑤　予防的な取組方法とは、環境問題について科学的に不確実であることをもって対策を遅らせる理由とはせず、科学的知見の充実に努めつつ、予防的な対策を講じるという考え方である。

【解答】　③

【解説】環境省が公表している「環境政策に関する理念や手法の状況について」という資料に基づいて判断を行う。

①源流対策の原則とは、「環境汚染物質をその排出段階で規制等を行う排出口における対策に対して、製品などの設計や製法に工夫を加え、汚染物質や排出物をそもそも作らないようにすることを優先すべき」という原則と示しているので、適切な記述である。

②協働原則とは、「公共主体が政策を行う場合には、政策の企画、立案、実行の各段階において、政策に関連する民間の各主体の参加を得て行わなければならない」とする原則と示されているので、適切な記述である。

③補完性原則とは、「基礎的な行政単位で処理できる事柄はその行政単位に任せ、そうでない事柄に限って、より広域的な行政単位が処理することとすべき」という考え方と示されているので、不適切な記述である。

④環境基本法第4条に、「環境の保全は、（中略）、及び科学的知見の充実の下に環境の保全上の支障が未然に防がれることを旨として、行われなければならない。」と示されており、この内容を「未然防止原則」としているので、適切な記述である。

⑤第五次環境基本計画によると、「環境影響が懸念される問題については、科学的に不確実であることをもって対策を遅らせる理由とはせず、科学的知見の充実に努めながら、予防的な対策を講じるという「予防的な取組方法」の考え方に基づいて対策を講じていくべきである」と示されているので、適切な記述である。

□　第四次環境基本計画における環境政策の原則及び手法に関する次の記述のうち、最も適切なものはどれか。　　　　　　　　　　　　　（H30－35）

①　生物多様性の保全のような科学的な不確実性を伴う環境問題には、予防的な取組方法を適用せず、順応的取組方法の考え方に基づき対策を講じていくことが重要である。

② 拡大生産者責任とは、製品などの設計や製法に工夫を加え、汚染物質や廃棄物をそもそも出来る限り排出しないようにしていくことである。

③ 自主的取組手法は、事業者などが自らの努力目標を社会に広く表明し、政府がその進捗点検を行うことなどによって、一層大きな効果を発揮する。

④ 枠組規制的手法とは、各主体の意思決定過程に、環境配慮のための判断を行う手続と環境配慮に際しての判断基準を組み込んでいく手法である。

⑤ 経済的手法に関する環境施策の例として、課税等による経済的負担を課す方法、固定価格買取制度や環境性能表示が挙げられる。

【解答】　③

【解説】①予防的措置とは、環境に重大かつ不可逆的な影響を及ぼす可能性がある場合には、科学的な因果関係が十分証明されないような不確実性があっても、規制的措置を行うことであり、生物多様性においても適用される。よって、不適切な記述である。なお、順応的取組とは、自然の環境変動によって当初の計画では想定しなかった事態に陥ることや地域的な特性などを事業者の判断等で、あらかじめ管理システムに取り込んで、目標を設定して、その結果に合わせて柔軟に対応していく方法である。自然再生などを目的としている場合などに用いられるが、生物多様性の保全には適用するのは望ましくない。

②拡大生産者責任とは、製品の製造、流通、消費時だけではなく、製品の廃棄やリサイクルされる際に要する費用までも含めて、生産者の責任を拡大しようというものであるので、不適切な記述である。

③自主的取組とは、事業者などが自主的に行動計画や目的を設定して、それを公表し推進していく手法で、政府はそのフォローアップを行うことで、一層大きな効果が期待できるようになるので、適切な記述である。

④枠組規制的手法とは、直接的に具体的行為の禁止や制限などを行わず、目標を提示してその達成を義務付けたり、一定の手続を踏むことを義務付けたりして、目標を達成しようとする手法であるので、不適切な記述である。

⑤経済的手法には、経済的賦課（税、課徴金、料金）、経済的便益（補助金、税制優遇）、預託払い戻し、新規の市場創設（排出量取引、エコ・マーケット）、固定価格買取制度などあるが、環境性能表示は情報的手法なので、不適切な記述である。

なお、平成21年度および平成27年度試験において、「拡大生産者責任」に関する問題が出題されている。

□　次の環境に関する用語とその説明文について、□□□に入る語句の組合せとして最も適切なものはどれか。　　　　　　　　（H29－33）

用語	説明文
（ア）	組織や事業者が、その運営や経営の中で自主的に環境保全に関する取組を進めるに当たり、環境に関する方針や目標を自ら設定し、これらの達成に向けて取り組むための工場や事業所内の体制・手続などの仕組みである。
PRTR	有害性のある多種多様な（イ）が、どのような発生源から、どれくらい環境に排出されたか、あるいは廃棄物に含まれて事業所の外に運び出されたかというデータを把握し、集計し、公表する仕組みである。
PPP	（ウ）者が、受容可能な状態に環境を保つために公的当局により決められた（ウ）の防止と規制措置を実施することに伴う費用を負担すべきであるという原則である。
（エ）	自ら生産する製品等について、生産者が、資源の投入、製品の生産・使用の段階だけでなく、廃棄物等となった後まで一定の責任を負うという考え方である。

	（ア）	（イ）	（ウ）	（エ）
①	EMS	化学物質	汚染	RoHS
②	SRI	重金属	排出	RoHS
③	SRI	重金属	排出	ERP
④	EMS	化学物質	汚染	ERP
⑤	EMS	重金属	排出	ERP

【解答】　④

【解説】（ア）説明文の内容から、環境マネジメントシステムであるのがわかるので、（ア）は「EMS」（Environmental Management System）であるとわかる。なお、SRI（Socially Responsible Investment）は、社会的責任投資という意味で、投資基準として、企業の成長性や財務の健全性に加えて、環境、人権、社会問題などへの取組も考慮する投資の考え方をいう。

（イ）PRTR（Pollutant Release and Transfer Register）は、化学物質排出移動量届出制度のことであるので、（イ）は「化学物質」になる。

（ウ）PPP（Polluter Pays Principle）は、汚染者負担の原則の意味であるので、（ウ）は「汚染」になる。

（エ）説明文の内容から、拡大生産者責任であるのがわかるので、（エ）は「EPR」（Extended Producer Responsibility）である。なお、RoHS（Restriction of Hazardous Substances）とは、特定有害物質使用制限のことである。

したがって、EMS－化学物質－汚染－EPRとなるので、④が正解である。

なお、平成26年度および平成28年度試験において、類似の問題が出題されている。

（3）環境影響評価法

　□　環境影響評価法に基づく環境アセスメントにおいて、次の（ア）～（ウ）に該当する施設の組合せとして、最も適切なものはどれか。

　　ただし、ここで事業とは、施設を新たに設置するものに限り、設置された施設の一部を改良するものは含めないものとする。　　　（R3－39）

　（ア）事業の規模に関わらず対象となるもの

　（イ）事業の規模に応じて対象となる場合とならない場合があるもの

　（ウ）事業の規模に関わらず対象とならないもの

	（ア）	（イ）	（ウ）
①	高速自動車国道	林道	下水処理場
②	ダム	放水路	堤防
③	新幹線鉄道	軌道	廃棄物最終処分場
④	飛行場	一般国道	ゴルフ場
⑤	原子力発電所	風力発電所	太陽電池発電所

【解答】 ①

【解説】（ア）に該当するのは、「高速自動車国道」、「新幹線鉄道」、「原子力発電所」であるので、①、③、⑤が候補となる。

（イ）に該当するのは、（イ）の選択肢に示されたすべての項目であるので、この条件では絞り込めない。

（ウ）の③に示された「廃棄物最終処分場」と⑤の「太陽電池発電所」は、（イ）「事業の規模に応じて対象となる場合とならない場合があるもの」に該当するので、正答ではない。

したがって、①が正解である。

なお、環境影響評価法に関する問題は、平成23年度試験以降毎年出題されており、定番問題となっている。

□ 環境影響評価法に関する次の記述のうち、最も適切なものはどれか。

(R2−39)

① 計画段階環境配慮書では、第一種事業に係る計画の立案段階において、環境の保全及び費用対効果の観点から配慮すべき事項を検討した結果をとりまとめることが義務付けられている。

② 環境影響評価方法書をもとにして、環境影響評価の項目並びに調査、予測及び評価の手法などをとりまとめるための手続をスクリーニングという。

③ 環境影響評価準備書では、環境影響評価の結果のうち、環境影響評価の項目ごとの調査結果の概要並びに予測及び評価の結果とともに、環境の保全のための措置及び環境影響の総合的な評価についても記載

することが義務付けられている。

④　環境影響評価書は、環境影響評価準備書に対する国民、市町村長、都道府県知事及び環境大臣等からの意見を聴取した結果を踏まえて作成することが義務付けられている。

⑤　環境影響評価書に記載された全ての環境の保全のための措置については、事業実施後にその結果の報告が義務付けられている。

【解答】　③

【解説】①計画段階環境配慮書は、第一種事業を実施しようとする事業者が、計画立案段階で、事業の位置や規模などを決定するに当たって、環境保全のために配慮すべき事項をまとめた書類であり、費用対効果の観点は考慮されていないので、不適切な記述である。

②スクリーニングは、第二種事業で、環境アセスメントを行うかどうかの判定を個別に行う手続のことであるので、不適切な記述である。

③環境影響評価法第14条に選択肢文の内容が示されているので、適切な記述である。

④都道府県知事は、環境影響評価準備書に対して市町村長や一般の人から出された意見を踏まえて、事業者に意見を述べるが、事業者は、必要に応じて、環境影響準備書を見直した上で、環境影響評価書を作成するので、不適切な記述である。

⑤事後調査は、環境保全対策の実績が少ない場合や不確実性が大きい場合、環境への影響が大きい場合などに実施されるので、不適切な記述である。

□　環境影響評価法に基づく第一種事業に係る手続きの中からいくつかを取り出し実施手順に沿って並べたものとして、次のうち最も適切なものはどれか。なお下記では、計画段階環境配慮書を「配慮書」、環境影響評価準備書を「準備書」とそれぞれ略記している。　　　　　　　　（R1-38）

①　スクリーニング　→　スコーピング　→　配慮書の作成　→　調査・予測・評価の実施

②　配慮書の作成　→　調査・予測・評価の実施　→　スコーピング　→　準備書の作成

③　スコーピング → スクリーニング → 調査・予測・評価の実施 → 準備書の作成

④　配慮書の作成 → スコーピング → 調査・予測・評価の実施 → 準備書の作成

⑤　スコーピング → 配慮書の作成 → 準備書の作成 → 調査・予測・評価の実施

【解答】　④

【解説】第二種事業で、環境アセスメントを行うかどうかの判定を個別に行う手続きをスクリーニングというが、環境アセスメントが義務付けられている第一種事業ではスクリーニングは実施しない。よって、①と③は正答ではないのがわかる。また、環境影響評価法第3条の三で、「第一種事業を実施しようとする者は、計画段階配慮事項についての検討を行った結果について、計画段階環境配慮書を作成しなければならない。」と定められており、第一種事業で最初に行うのが「配慮書の作成」であるので、②か④が正答の候補となる。なお、スコーピングは、環境アセスメントの方法を決めるために、地域の環境をよく知っている住民等や地方公共団体の意見を聴く手続きであるので、当然、「調査・予測・評価の実施」の前に行う必要がある。よって、②は不適切である。

したがって、④が正解である。

(4) ライフサイクルアセスメント

□　ライフサイクルアセスメント（LCA）、及び環境適合設計（DfE）に関する次の（ア）～（オ）の記述のうち、適切なものと不適切なものの組合せとして最も適切なものはどれか。　　　　　　　　　　（H29 − 40）

（ア）LCAの原則及び枠組みに関する国際規格としてISO規格があり、これを基に、同じ技術的内容がJISとして定められている。

（イ）LCAでインベントリ分析を行う際の代表的な手法としては産業連関法と積み上げ法があるが、ISO規格においては産業連関法を基礎としている。

（ウ）ISO規格に沿ってLCAを行う場合、調査結果の用途については、

インベントリ分析やそこで得られた結果の評価の後に、結果の解釈において設定される。

（エ）DfEの普及の主な背景の1つとして、CO_2や有害物質の排出抑制に係る、いわゆるエンドオブパイプ管理の重要性と高い効果が着目されたことが挙げられる。

（オ）国連環境計画（UNEP）が策定したDfEに関するマニュアルでは、DfEを進める際の段階として、フォローアップ活動の確立を含め7つのステップが示されている。

	（ア）	（イ）	（ウ）	（エ）	（オ）
①	適切	不適切	不適切	適切	不適切
②	不適切	適切	適切	不適切	不適切
③	適切	不適切	不適切	不適切	適切
④	不適切	不適切	適切	適切	適切
⑤	不適切	適切	不適切	適切	不適切

【解答】　③

【解説】（ア）LCAの原則及び枠組みに関する国際規格としてISO 14000シリーズがあり、これを基に、同じ技術的内容がJIS Q 14044が定められているので、適切な記述である。

（イ）LCAでインベントリ分析を行う際の代表的な手法としては産業連関法と積み上げ法がある。このうち積み上げ法は、製品を生産するプロセスの各段階で使用した資源やエネルギー等のインプットと、排出物であるアウトプットを詳細に計算して集計することで環境負荷を求める手法であり、ISOでは基本的には積み上げ法を基礎としているので、不適切な記述である。

（ウ）LCAは、ISO規格で定められた枠組みに基づいて、1）目的及び調査範囲の設定、2）インベントリ分析、3）影響評価、4）結果の解釈の4つのプロセスで実施されるが、調査結果の用途については、1）項の「目的及び調査範囲の設定」において設定されるので、不適切な記述である。

（エ）エンドオブパイプは、工場等の末端で排水施設や排ガス処理施設を設置するという古い対策法で、環境適合設計（DfE）は、「製品のライフサイクル全般にわたって環境への影響を考慮した設計」で、生産工程の上流から対策を講じようという考え方であるので、不適切な記述である。

（オ）国連環境計画が策定したDfEに関するマニュアルでは、DfEを進める際の段階として、1）エコデザインプロジェクトの組織化、2）製品の選定、3）エコデザイン戦略の構築、4）製品アイデアの作成と選定、5）コンセプトの詳細化、6）広告宣伝と製造、7）フォローアップ活動という、7つのステップを示しているので、適切な記述である。

したがって、適切－不適切－不適切－不適切－適切となるので、③が正解である。

なお、平成21年度、平成22年度、平成23年度、平成24年度、平成26年度および平成28年度試験において、類似の問題が出題されている。

(5) 環境教育

□　環境教育に関する次の記述のうち、最も不適切なものはどれか。なお、以下において、ESDとは「持続可能な開発のための教育」のことをいう。
(R3 － 40)

①　環境基本法では、国は、環境の保全に関する教育及び学習の振興などのため、必要な措置を講ずるものとされている。

②　教育基本法では、生命を尊び、自然を大切にし、環境の保全に寄与する態度を養うことが、教育の目標の1つとして掲げられている。

③　いわゆる環境教育等促進法は、持続可能な社会の担い手育成の重要性に鑑み、様々な環境教育の場や機会のうち、専ら学校における環境教育を促進させることを目的とした法律である。

④　高等学校における環境教育は、「地理歴史」、「公民」、「理科」、「保健体育」等の各教科や「総合的な学習の時間」などにおいて行われて

いる。

⑤　ESDを国際的な立場から推進することを提唱したのは日本であり、現在では国際的な実施枠組みである「ESD for 2030」がユネスコで採択されている。

【解答】　③

【解説】①環境基本法第25条で「環境の保全に関する教育、学習等」が規定されているので、適切な記述である。

②教育基本法第2条に「教育の目的」が規定されており、第4号に選択肢文の内容が示されているので、適切な記述である。

③環境教育等促進法第1条の目的で、「<u>事業者、国民及びこれらの者の組織する民間の団体が行う</u>環境保全活動並びにその促進のための環境保全の意欲の増進及び<u>環境教育が重要</u>」と示しており、学校における環境教育に限定していないので、不適切な記述である。

④文部科学省が公表している学習指導要領で、環境教育としては、各教科だけではなく「総合的な学習の時間」にも実施内容が示されているので、適切な記述である。

⑤ESDは、2002年の「持続可能な開発に関する世界首脳会議」で日本が提唱した考え方であり、2019年のユネスコ総会で「ESD for 2030」が採択されているので、適切な記述である。

4. 組織の社会的責任と環境管理活動

(1) 社会的責任

□　様々な組織の社会的責任と環境管理活動に関する次の記述のうち、最も不適切なものはどれか。
(R2－40)

①　ISO 26000は、企業だけでなく様々な組織の社会的責任に関する国際規格であり、我が国ではJIS化されている。

②　エコアクション21は、中小事業者にも取組みやすい環境マネジメントシステムとして策定されたものであり、近年、建設業者や食品関連事業者向けのガイドラインも公表されている。

③　トリプルボトムラインとは、企業の持続可能性についての考え方であり、企業活動を経済の観点のみならず環境と人的資源の観点からも評価しようとするものである。

④　ESG投資とは、環境、社会、企業統治に配慮している企業を重視・選別して行う投資のことをいい、国際連合が提唱した責任投資原則の基本となる考え方である。

⑤　環境会計とは、企業等が、事業活動における環境保全のためのコストとその活動により得られた効果を認識し、可能な限り定量的に測定し伝達する仕組のことである。

【解答】　③

【解説】①ISO 26000は、JIS化されてJIS Z 26000となっているので、適切な記述である。

②エコアクション21は、持続可能な社会を構築するために、すべての事業者が環境への取組みを効果的かつ効率的に行うことを目的に、

環境省が策定したガイドラインで、中小事業者にも取組みやすい環境マネジメントシステムとして策定されたので、適切な記述である。なお、近年、建設業者や食品関連事業者向けのガイドラインも公表されている。

③トリプルボトムラインとは、経済の観点、環境の観点、<u>社会の観点</u>から企業の社会的責任を評価しようとするものであるので、不適切な記述である。

④ESG投資は、環境（Environment）、社会（Social）、企業統治（Governance）の頭文字をとったもので、組織の社会的責任に対する関心の高まりから、生じてきている投資行動である。また、国際連合が提唱した責任投資原則の基本となる考え方であるので、適切な記述である。

⑤環境会計は、企業等が持続可能な発展を目指して、社会との良好な関係を保ちながら、環境保全への取組みを効率的・効果的に推進していく目的で行われ、仕組みとしては選択肢文に示されたとおりであるので、適切な記述である。

なお、平成23年度、平成24年度および平成28年度試験において、類似の問題が出題されている。

(2) 環境管理活動

☐　企業等の環境管理活動に係る用語の説明として、次の記述のうち最も適切なものはどれか。

(R1-39)

①　環境会計とは、環境保全に資する事業活動を行った企業が、税制上の優遇措置を受ける際に、環境保全のために要したコストを整理し国や自治体に申請する会計手法をいう。

②　環境報告とは、企業が事業活動に伴い排出した物質のうち、有害であるとして法令で定められたものについて、その年間排出量を国に報告するための仕組みをいう。

③　カーボンフットプリント制度とは、一定規模以上の事業者が、商品

やサービスの消費段階で排出される温室効果ガスのうち、二酸化炭素の量について国に報告する制度をいう。

④ 環境マネジメントシステムとは、環境関連法令で定められた義務的手続を網羅し、企業の事業活動においてこれら義務的手続の遺漏防止と確実な履行をサポートするためのシステムをいう。

⑤ 社会的責任投資とは、各企業の収益力、成長性等の判断に加え、人的資源への配慮、環境への配慮、利害関係者への配慮などの取組を評価し、投資選定を行う投資行動をいう。

【解答】 ⑤

【解説】①環境会計は、企業等が持続可能な発展を目指して、社会との良好な関係を保ちながら、環境保全への取組を効率的・効果的に推進していく目的で行われるものであり、税制上の優遇措置を受けるためではないので、不適切な記述である。

②環境報告書は、企業などが環境保全に関する方針や目標、法令遵守を含めた環境マネジメントに関する状況、環境負荷低減に向けた取組などを取りまとめて、ステークホルダーに定期的に報告するものであるので、不適切な記述である。

③カーボンフットプリントは、商品やサービスの原材料調達から廃棄・リサイクルに至るまでのライフサイクル全体を通して排出される温室効果ガスの量を、CO_2 の量に換算して定量的に算定できるようにする制度であるので、不適切な記述である。

④環境マネジメントシステムでは、環境側面をマネジメントし、順守義務を満たし、リスクおよび機会に取り組むことを求めており、義務的手続を網羅したものではないので、不適切な記述である。

⑤社会的責任投資は、従来の投資先の財務的評価に加えて、社会や環境、倫理のような投資先の社会的評価を考慮して投資選択を行う投資行動であるので、適切な記述である。

なお、平成24年度および平成28年度試験において、類似の問題が出題されている。

(3) 環境経済評価法

□　仮想評価法（Contingent Valuation Method）に関する次の記述のうち、最も適切なものはどれか。なお仮想評価法は仮想的市場評価法と、また受入補償額は受け入れ意思額や受取意志額と、支払意思額は支払意志額と呼ばれることもある。　　　　　　　　　　　　　　　　　　（H30－36）

①　仮想評価法はアンケート調査を用いて便益を計測する手法であり、利用者の行動の変化や地価の変化に基づく分析に適する手法である。

②　二項選択方式は、提示された価格に対して購入の可否を決める人びとの実際の購買行動に類似していることから、金額の回答方式として用いることが多い。

③　インターネットアンケートによる方法は、郵送調査法や面接調査法に比べ調査期間が短い上に比較的標本数確保が容易であるため、調査手法として用いることが望ましい。

④　受入補償額は、支払意思額に比べ回答者が答えやすく、さらに評価額の過大推計を避けることができる。

⑤　調査対象を明確にするため、事前調査に先立ってアンケート草案を作成したうえでプレテストを行う必要がある。

【解答】　②

【解説】①仮想評価法はアンケート調査を用いて、環境改善に対する支払意思額や環境悪化に対する受入補償額を尋ねる手法であり、利用者の行動の変化や地価の変化といった形では効果を捉えることは難しいので、不適切な記述である。

②Yes／Noの二項選択方式は、提示額に対して購入の可否を判断する実際の購買行動に類似しているので、無回答が少なくなるため用いられることが多い。よって、適切な記述である。

③インターネットアンケートによる方法は、回答者がインターネットを利用できる人に限定されるため回答結果に偏りが生じるので、調査手法として用いることは望ましくない。よって、不適切な記述である。

④受入補償額は満足が低下するものに補償を求める考え方で、支払意思額は満足が高まるものに対して支払う意思を示す考え方である。人は、補償を求める行為にはなじみが少ないので、受入補償額を回答することは難しい。よって、不適切な記述である。

⑤仮想評価法では、調査票に問題がないかを判断するためにプレテストを行うので、不適切な記述である。

□　自然の恵みの価値を評価するために、それぞれの事例における環境の社会経済的評価手法の適用に関する次の記述のうち、最も不適切なものはどれか。　　　　　　　　　　　　　　　　　　　　　　　　　　　（H29－35）

①　干潟の浄化機能を定量的に把握するため、同じ浄化機能を有する水質浄化施設の建設費用を算定し、代替法により評価する。

②　誰も訪れないような奥地の原生林の価値を把握するため、この原生林の利用状況を調査し、トラベルコスト法により評価する。

③　都市緑地整備による環境向上価値を把握するため、環境条件の異なる複数の住宅価格を調査し、ヘドニック法により評価する。

④　鉱山開発により森林が消失することの外部不経済を把握するため、損害を回避することに対する支払意思額などのアンケート調査を行い、仮想評価法により評価する。

⑤　湿原の自然再生事業の価値を把握するため、複数の属性と水準を用いて代替案を作成してアンケート調査を行い、コンジョイント分析により評価する。

【解答】　②

【解説】①代替法は、環境価値をそれと近似すると考えられる別の商品やサービスに置き換えた費用で評価する手法であるので、適切な記述である。

②トラベルコスト法は、訪問しようとする目的地までの旅費をもとにして、訪問価値を評価する手法であるので、誰も訪れないような奥地の原生林の価値を把握する際には利用できない。よって、不適切

な記述である。

③ヘドニック法は、環境などの価値が地価に反映するというキャピタリゼーション仮説に基づき、地価の観察によって環境価値を評価する手法であるので、適切な記述である。

④仮想評価法は、環境の改善に対する支払意思額や環境悪化に対する受入補償額を、アンケートなどで尋ねることによって、環境価値を直接的に評価する手法であるので、適切な記述である。

⑤コンジョイント分析は、環境保全対策についての複数の代替案を回答者に示して、属性単位に分解して選好を評価する手法であるので、適切な記述である。

なお、平成21年度、平成22年度、平成24年度、平成26年度および平成27年度試験において、類似の問題が出題されている。

第6章

記述式問題の要点

　総合技術監理部門の記述式問題は、他の技術部門とは違って、出題問題数が1問しかない必須解答式になっていますので、その年度に出題された内容に合わせて解答を書き上げなければならないという点が、他の技術部門と大きく異なります。また、問題文が非常に長いというのも特徴といえます。他の技術部門の問題は、その問題が出題された背景や条件を考えながら問題文を読まなければなりませんが、総合技術監理部門の問題は、まず問題文に示された余分な内容をそぎ落とした後に、解答を求められている事項を読み解いていくという事前作業が必要となります。その後に、記述する事業・プロジェクト等の設定をしていかなければなりませんが、問題文には解答のヒントなども示されていますので、それを有効に活用して、解答内容の骨子を固めていくというプロセスが重要です。そういった事項を詳しく説明します。

1. 記述式問題のテーマ認識

　記述式問題を攻略するには、記述式問題で扱われているテーマを認識しておくことが大切です。総合技術監理部門の問題は、最近話題になっている社会変化やトピックス等をテーマに取り上げているのが特徴です。過去10年の出題内容を整理すると図表6.1のようになります。なお、著者は、ここ数年は事業・プロジェクト等の設定の難解さが高まってきているように感じています。

図表6.1　記述式問題のテーマと出題背景

試験年度	扱っているテーマ	背　　景
令和3年度	データを利活用した事業・プロジェクトの推進に関して、①データ利活用の方法、②期待できる効果、③課題やリスク、④近い将来新たに利用できるデータと利活用方法、⑤期待できる効果とその理由、⑥実現可能性への課題とリスクを示す。	データ解析を使った事業や業務への利活用が期待されている中、ナレッジマネジメントやデジタル・コミュニケーション・ツールの援用、人工知能、IoT、ビッグデータ分析といった先端技術を活用した事業が探究されている。一方、データ利活用の課題も顕在化してきている。
令和2年度	事業場にもたらされる可能性のある①異常な自然現象と予想される周辺地域の被害状況、②事業場が受ける主要な被害と被害のラベル、③事前の備えとしての対策、④実施計画の検討と提案を示す。	多くの自然災害に見舞われている現状に対して、個々の事業場において、異常な自然現象に対して、どのような対策をとっておくこと有効か事前に検討しておくことが必要な社会環境になってきている。
令和元年度	事業・プロジェクト等の計画段階と実施段階において、実際に発生したヒューマンエラーの①影響、②原因、③対応、④再発防止対策。今後発生する可能性のあるヒューマンエラーの①影響と原因、②影響を軽減する新たな技術や方策、③乗り越えなければならない課題や障害、または実現させることのデメリットを示す。	ヒューマンエラーを発生させる可能性は業種や職種を問わず存在しており、ヒューマンエラーを完全に排除することは困難である。一方、ヒューマンエラーへの対応を誤ると重大な問題や被害が発生する危険性がある。そのため、組織運営を担う上でヒューマンエラーを極力防止する方策の検討が重要となっている。

図表6.1 記述式問題のテーマと出題背景（つづき）

試験年度	扱っているテーマ	背景
平成 30 年度	働き方改革実現のための①事業における課題と影響、②解決するための技術・方策、③実現するための障害、④実現した場合の効果と留意すべき影響を示す。	業務の機械化や情報化、交通網の発達、女性の社会進出、子育て世代や障害者の雇用促進などの<u>技術進展や社会変化</u>に対して、<u>改革されるべき組織運営</u>の観点から、業務の方向性を見直す必要がある。
平成 29 年度	持続可能な開発目標（SDGs）に対して、①過去の課題、②現在の課題とその解決方策、③将来の課題とその解決方策を示す。	2015 年に「国連持続可能な開発サミット」で採択され、日本でもアクションプランが示されている<u>SDGs</u>への対応が必要となっている。
平成 28 年度	事業活動の変化に伴い発生する課題を、①これまでの変化、②遠からぬ将来、③さらに遠い将来の観点で説明する。	<u>科学技術の急速な進展</u>に伴い、事業活動の内容や形態が変化しているため、総合技術監理の技術士として活躍の場が広がっている。
平成 27 年度	国際会議、国際文化・スポーツイベント、国際展示会・見本市に対するプロジェクトのリスク分析と対応策の効果等を示す。	2020 年に<u>オリンピック・パラリンピック</u>競技大会が東京で開催されるため、必要な事業の計画やリスク（計画中・終了後）を管理する必要がある。
平成 26 年度	社会インフラとなる構造物やそこに含まれる各種設備の更新計画を総括責任者の立場で示す。	<u>我が国の人口が減少</u>していることから、社会・経済に大きな影響が生じているため、社会インフラの維持管理にも変化が生じている。
平成 25 年度	メンテナンスの課題に対して、①計画・設計時、②施工・製作時、③運転・保守・維持管理時における課題と具体的な対応策を示す。	笹子トンネルや道路の保守、森林保全、プラント<u>老朽化</u>などに起因する問題が顕在化している。
平成 24 年度	プロジェクト実施中に要求仕様等が変更になった場合の対応能力を示す。	<u>プロジェクト管理において変更管理が難しい</u>ため、そういった場合の総合技術監理が求められている。

　図表6.1をみるとわかるとおり、出題テーマは毎年のように変わっていますが、基本的に出題年度直前で社会的に話題になっている事項を扱った問題が出題されているのがわかります。また、総合技術監理部門の記述式問題の場合には、全技術部門の受験者が共通に解答できるように問題を作る必要があります。そういった点で、全受験者に共通する事項を取り上げなければならないという

制約が生じます。そのため、出題背景として考えられる内容として、図表6.2のような事項が考えられます。

図表6.2　記述式問題の出題背景となる可能性のある項目

大項目	中項目
基本事項	持続可能な開発目標（SDGs）、ESG 投資、安全、ダイバーシティ、コンパクト化
環境	パリ協定、地球温暖化、低炭素社会、温室効果ガス削減、環境配慮、環境負荷、環境リスク、3R イニシアティブ、ライフサイクルアセスメント、グリーン技術、生物多様性、自然共生社会、生態変化
エネルギー	エネルギー政策、地政学的リスク、再生可能エネルギー、未利用エネルギー、排熱回収、エネルギーミックス、省エネルギー技術、電力平準化、電力貯蔵技術、電力安定供給、水素社会、スマートインフラ、車の電動化
資源	資源枯渇、省資源、循環資源、レアメタル確保、都市鉱山、地産地消、健全な水循環、資源開発の環境影響、食料問題
災害	国土強靭化、ハザードマップ、安全・安心社会、大規模自然災害、地震・津波対策、水害対策、浸水災害時対応、防災・減災対策、事業継続計画、復旧・復興対策、インフラ対策、物流対策、早期復旧対策
リスクマネジメント	安全設計、システム安全、安全社会実現、重大事故対策、信頼性確保、危機管理、リスクコミュニケーション、再発防止策、不測の事態対応、不具合処理、ヒューマンエラー、サプライチェーン断絶
社会インフラ	社会資本整備、社会資本維持、老朽化・延命化、機能低下対策、維持管理コスト、社会資本モニタリング、保全要員・技術確保、コンパクトシティ、アセットマネジメント、PFI 事業、ユニバーサル社会
少子高齢化	社会システム変革、人口減少下の社会経済、ロボット技術活用、地域格差問題、過疎化、技術継承、技術者不足、後継者問題、ユニバーサル技術、介護支援技術、空家対策、IoT 技術活用
国際化	世界貿易ルール、国際競争力、国際分業、サプライチェーン、インフラシステム輸出、資源確保競争、外来生物対策
情報化	個人情報管理、AI 技術応用、ビッグデータ活用、オープンデータ、クラウド技術、シンギュラリティ、ロボット技術、自動運転技術、IoT 応用、センサネットワーク、地理情報システム、バーチャルリアリティ、ドローン利用、サイバーテロ、情報セキュリティ対策、デジタルツイン

図表6.2　記述式問題の出題背景となる可能性のある項目（つづき）

大項目	中項目
技術動向	プロジェクト管理、革新的開発、科学技術イノベーション、技術開発テーマ、人と技術、品質管理、コスト縮減、工程管理、安心・安全技術、トランスサイエンス問題、ブラックボックス化
技術者倫理	事実隠ぺい、報告義務違反、安全文化崩壊、試験データ改ざん、データねつ造、不正事案検証、生命倫理、社会的責任

　図表6.2に示された内容について、興味を持って新聞等を読んでいれば、世論や世の中の動きが情報として収集できると考えます。なお、これらの事項は、解答を作成する際に使用するキーワードとしても活用ができます。ただし、これらの知識は基礎知識ではありますが、総合技術監理部門の記述式問題のポイントは、これらの基礎知識を生かせる事業・プロジェクト等の設定能力にある点は強く認識しておく必要があります。

2. ヒントを活かす

　総合技術監理部門の問題では、すべての受験者に解答の意図を示すために、ヒントとなる記述が含まれています。そういったヒントを活かして解答内容を検討する必要があります。ヒントには、次のような例があります。

(1) 記述してもらいたい条件の記述部分

　解答する事項が違っていると点数が取れませんので、出題者が解答してもらいたい内容の条件を示唆する問題文が含まれている例が多くあります。令和元年度問題を例に示すと、次の部分がそれに当たります。

> 　ヒューマンエラーとは人為的過誤や失敗など、目標から逸脱した人の判断や行動を意味し、「ディペンダビリティ（総合信頼性）用語」を規定したJIS Z 8115：2019では、「人間が実施する又は省略する行為と、意図される又は要求される行為との相違」と定義している。

　こういったヒントの文章を的確に理解して、記述する事業・プロジェクト等を選定する必要があります。なお、アンダーラインは実際に出題された問題にはなく、著者が書き加えたもので、この問題で対象とするヒューマンエラーを具体的にイメージしてもらう記述をハイライトしたものです。

(2) 記述してもらいたい事業場例の記述部分

　問題の中には、より具体的に対象事業場を規定している問題もあります。しかし、その場合には、自分でその例を拡大解釈して理解する必要があります。その例として令和2年度試験問題がありますので、その部分を下記に示します。

> ここで「事業場」とは、工場、工事現場、農場、事務所、研究所、公共建築物等のように、1つの場所において事業が行われている場を指し、複数の区域にまたがるものは除くこととする。例えば、1つの工場、1つの支店店舗、などは事業場としてよいが、県内にあるすべての工場、複数の支店店舗、といったものは事業場とはみなさない。

総合技術監理部門の記述式問題は、すべての一般技術部門・選択科目を専門とする受験者を対象としていますので、事業等は、それぞれの専門分野でありえるものであればよいという意味で、「等」という表現が入れられています。

(3) 記述してもらいたい事業・プロジェクト等のイメージ記述部分

問題の中には、どういった事業・プロジェクト等を対象としているのかを具体的にイメージしてもらうための説明をしている問題もあります。その例として令和3年度試験問題がありますので、その部分を下記に示します。

> 実際に、1）日常の業務における意思決定において、これまで勘や経験に頼っていた部分をより定量的な知見に基づき合理的なものとするための試み、2）ナレッジマネジメントやデジタル・コミュニケーション・ツールの援用とあわせ、これまで以上にデータの利活用を効果的なものとしていくことの追求、3）人工知能（AI）やIoT、あるいはビッグデータ分析といったキーワードに関連する先端技術を活用した事業における新たな価値創出の探究など、幅広いレベルでの利活用が考えられる。

これがヒントであるという点は容易に認識できますが、見落としてはならない点として、この文章に続く、「その一方で、データの利活用に関しては様々な課題も顕在化してきている。」という文章になります。この課題を認識できていないと、適切な事業・プロジェクト等が設定できない結果になる可能性もあります。

3. 解答のための事前ステップ

　総合技術監理部門の問題は長いのが特徴となっていますので、問題の趣旨を的確に把握する必要があります。短時間で的確に内容を把握するためには、問題文の読み方にメリハリをつけ、定型的な文章をうまく読み飛ばせれば、解答内容を検討する時間も長く取れますし、要点を外すこともなくなります。

（1）定型的に示された文章は読み飛ばす

　総合技術監理部門の問題では、毎回、定型的に示される文章がありますので、その部分は軽く読み飛ばして要点のみを抽出する必要があります。具体的には試験問題の1ページ目に示されている『ここでいう総合技術監理の視点とは「業務全体を俯瞰し、経済性管理、安全管理、人的資源管理、情報管理、社会環境管理に関する総合的な分析、評価に基づいて、最適な企画、計画、実施、対応等を行う。」立場からの視点をいう。』という記述は、総合技術監理の視点を示す定型的な文章になります。この内容は読み飛ばしてよいところですが、解答記述の際には、常に頭に入れておかなければならない重要事項です。

（2）解答の際の配慮は事前に認識しておく

　最近の問題では、「なお、書かれた論文を評価する際、考察における視点の広さ、記述の明確さと論理的なつながり、そして論文全体のまとまりを特に重視する。」という親切な注釈があります。この注釈がなかったとしても、解答の際には、これらの4点を強く意識して記述する必要があります。しかし、実際の試験を解答する際には、書き進めている内容に没頭して視点が狭くなったり、小設問が進むにつれて、つながりやまとまりがなくなる場合が多いので、事前の勉強の際には、この点を強化する勉強法をとらなければなりません。

4. 記述式問題で求められている要点を検討する

　第3節の内容を理解したうえで、試験問題の記述からそれらを省いていくと、この問題で重要な箇所が絞られてきます。その中から記述を求められている要点をよりはっきりさせるためには、問題文の分析が必要となります。

　まず、定型部分や親切な記述部については、大きく×印をつけて省いていきます。その後は、事前に決めておいた印をそれぞれの部分に付けていきます。例として挙げると、条件を示す内容には△をつけ、示さなければならない事項に○を付けるなどして、ポイントを浮き上がるようにしていきます。特に総合技術監理部門の問題では、記述するための条件を設定している場合が多くありますので、その条件の把握に失敗すると点数が伸びなくなってしまいます。できれば問題文に色の違ったマーカーで色付けしたいところですが、試験会場に持ち込める文房具も限定されていますので、自分で練習のときから決めていたマークを付けて問題文の分析をすると、効率的に問題の分析ができます。また、記述する前に、対象とする事業・プロジェクト等を設定する必要もありますし、制約条件なども決めなければなりませんので、受験者が独自に設定する内容の検討も必要となります。

　問題の分析が終わったら、項目立てをしていきます。総合技術監理部門の問題では、細かく小設問別に記述量が定められていますので、それに従って項目立てと文字配分をしていきます。最近の問題は、各小設問別に指定されている記述枚数が毎年変わっていますので、指示されている記述量にはしっかりマークをして、問題用紙の空きスペースに配分を含めた項目構成を作っていきます。5枚の答案を一度に書くのは大変ですが、小設問別に検討していくほうが内容の整理がしやすいと考えて取り組んでください。中には、「〜にも留意して……」などという条件などもありますので、指示された事項に漏れがないようにしていくことが大切です。ただし、気をつけて欲しいのが、「論理的なつながり、

論文全体のまとまり」を維持しながら全体を構成する点です。

　なお、解答する際に最も難解なのは、小設問（1）の事業・プロジェクト等の設定の箇所です。当然、最初に示さなければならない事項ですし、この設定によって、その後の記述内容が大きく変わります。場合によっては、記述が続けられなくなるような事態に陥る危険性もあります。そのため、それぞれの項目で内容を詰めていく際に、全体のつながりとまとまりを常に再確認しながら進めていくことが大切です。ここをどう乗り切るかが評価を決めるといっても過言ではないでしょう。

5. 時間配分

　試験時間の3時間30分で答案用紙5枚の記述をする必要があります。通常は、1枚の答案用紙を記述する時間として30分程度を見込めばよいので、書き始めれば2時間30分程度で答案は書き上げられます。この点から逆算すると、1時間は問題の分析と項目立てに時間が取れる計算になります。ですから、30分は問題文の整理と分析に使い、15分程度を項目立てや事業・プロジェクト等の内容など、自分で設定しなければならない事項の検討に使うとよいでしょう。どうしても、試験当日は早く書き始めたいという欲求が強くなるため、事前の準備がおろそかになる受験者がいますが、技術士第二次試験の記述式問題では、書き始めたら後戻りする時間はありませんので、あせらずに十分な事前検討を行ってください。必ず周りに早めに書き始める人がいますので、その動きを感じて気持ちがあせりますが、事前に想定していた時間配分を堅持して、他の人の挙動でペースを乱されないような心のもちようが大切です。項目立てさえしっかりできれば、1枚30分程度のスピードで書いていけますので、最初の時間を自然体で有効に使ってください。基本的に技術士第二次試験は、合格者数が決められた競争試験ではなく、解答内容レベルの評価で合否が決まる実力試験ですので、その点は忘れないようにしてください。

6. 実際の試験問題と検討ポイント

試験の書き出し前に、どういった検討が必要かを理解するために、令和元年度から令和3年度試験で出題された実際の問題を使って考えてみましょう。まず、定型的な文章を外して、条件を示す内容や、示さなければならない事項をハイライトさせてください。なお、問題文の後に、著者が考える解答するための検討ポイントを示してみましたので、参考にしてください。

(1) 令和3年度試験問題と検討ポイント

近年の技術革新により、従来にない形でのデータ収集及びデータ解析が可能となり、様々な方面から事業や業務への利活用が期待されている。実際に、1) 日常の業務における意思決定において、これまで勘や経験に頼っていた部分をより定量的な知見に基づき合理的なものとするための試み、2) ナレッジマネジメントやデジタル・コミュニケーション・ツールの援用とあわせ、これまで以上にデータの利活用を効果的なものとしていくことの追求、3) 人工知能（AI）やIoT、あるいはビッグデータ分析といったキーワードに関連する先端技術を活用した事業における新たな価値創出の探究など、幅広いレベルでの利活用が考えられる。しかしその一方で、データの利活用に関しては様々な課題も顕在化してきている。したがって、データを利活用した事業・プロジェクトの推進について、総合技術監理の視点に立って検討を行うことは重要であると考えられる。

そこでここでは、あなたがこれまでに経験した、あるいはよく知っている事業又はプロジェクト（以下「事業・プロジェクト等」という。）を1つ取り上げ、その目的や創出している成果物等を踏まえ、その事業・

プロジェクト等にデータを利活用することに関して総合技術監理の視点から以下の (1) ～ (3) の問いに答えよ。ここでいう総合技術監理の視点とは「業務全体を俯瞰し、経済性管理、安全管理、人的資源管理、情報管理、社会環境管理に関する総合的な分析、評価に基づいて、最適な企画、計画、実施、対応等を行う。」立場からの視点をいう。

なお、書かれた論文を評価する際、考察における視点の広さ、記述の明確さと論理的なつながり、そして論文全体のまとまりを特に重視する。

（1） 本論文においてあなたが取り上げる事業・プロジェクト等の内容と、それに関する現在のデータの利活用の状況について、次の①～④に沿って示せ。

　　　（問い (1) については、答案用紙2枚以内にまとめよ。）

　① 事業・プロジェクト等の名称及び概要を記せ。

　② この事業・プロジェクト等の目的を記せ。

　③ この事業・プロジェクト等が創出している成果物（製品、構造物、サービス、技術、政策等）を記せ。

　④ この事業・プロジェクト等における、現在のデータの利活用の状況について、以下の項目をすべて含む形で記せ。なお、十分に利活用できていない状況を記すことを妨げない。

　　　・どのようなデータを収集・解析しているか

　　　・事業・プロジェクト等にどのように活用しているか

　　　・現在どのような点に留意して利活用を行っているか

　　　・現在の利活用に伴う問題点・今後に向けた課題は何か

（2） この事業・プロジェクト等において、現在既に利用できるデータや技術を用いて、今後導入が可能と思われるデータ利活用の方法を2つ取り上げ、それぞれについて以下の問いに答えよ。なお、2つの方法に対して、利用するデータや技術は共通のものでも、別々のものでも構わない。

　　　（問い (2) については、答案用紙を替えたうえで、まず1つめの方法について1枚以内にまとめ、さらに答案用紙を替えたうえで2つめ

の方法について1枚以内にまとめよ。)

① 利活用可能なデータの内容とその利活用の方法について記せ。

② ①で記述した利活用を進めることで、事業・プロジェクト等にどのような効果をもたらすことが期待できるかを理由とともに記せ。

③ ①で記述した利活用を進めていくうえで、総合技術監理の視点からどのような課題やリスクがあるかを記せ。ただし、2つの方法それぞれについて、5つの管理分野（経済性管理、安全管理、人的資源管理、情報管理、社会環境管理）のうちの2つ以上の視点を含むこととし、解答欄にはどの分野の視点であるかを明記すること。

（3）将来におけるこの事業・プロジェクト等（同種の別の事業・プロジェクト等でもよい）において、近い将来（おおむね5～10年後）に新たに利用できるようになると思われるデータや、実現されると思われる技術を用いて、新たに導入が可能になると思われるデータ利活用の方法を1つ取り上げ、それについて以下の問いに答えよ。なお、想定する時期までに事業・プロジェクト等の内容や形態そのものが変化することを踏まえて解答しても構わない。

（問い（3）については、答案用紙を替えたうえで、答案用紙1枚以内にまとめよ。)

① 利活用可能なデータの内容とその利活用の方法について記せ。

② ①で記述した利活用を進めることで、事業・プロジェクト等にどのような効果をもたらすことが期待できるかを理由とともに記せ。

③ ①で記述した利活用を進めていくうえでの課題やリスクを記せ。なお、想定するデータの利用可能性や技術の実現可能性に関する課題やリスクについては対象外とする。

【検討ポイント】

① この問題で重要な点は、どのような事業・プロジェクト等を設定するかです。受験者の専門とする一般技術部門・選択科目によって、事業・プロジェクト等の設定の難易度が変わってくるのがこの問題の特徴といえます。

② 設定においての重要な決断は、利活用が期待されている例として挙げられている、1）から3）のどの項目を中心にするかです。

③ 事業・プロジェクト等の設定において気をつけなければならない点が、「データの利活用に関しては様々な課題も顕在化してきている」という記述ですので、この課題をどうイメージするかが設定に大きく影響します。

④ なお、上記③が影響するのは、小設問（3）の「近い将来（おおむね5〜10年後）に新たに利用できるようになると思われるデータや、実現されると思われる技術を用いて、新たに導入が可能になると思われるデータ利活用の方法」になります。この点をどういった内容にするかで設定が変わってきます。

⑤ 書き出す前にイメージしておかなければならないのは、小設問（2）の「今後導入が可能と思われるデータ利活用の方法を2つ取り上げ」という条件で、これら2つの内容をそれぞれ解答用紙1枚に示さなければならない点です。

⑥ 小設問（2）と（3）で示す3つのデータ利活用の方法すべてに対して課題やリスクを示さなければなりませんが、それを5つの管理分野のどの項目にするかを決めなくてはなりません。

以上のポイントに対して30分の時間内にイメージを作り上げていくことができるかが、合否の分かれ目になります。

(2) 令和2年度試験問題と検討ポイント

昨年、我が国は多くの自然災害に見舞われた。そこで、将来の自然災害によるリスクに対して、個々の事業場において事前にどのような対応策をとっておくことが有効か、総合技術監理の観点から考えてみたい。以下の（1）〜（3）の問いにしたがい、次のような枠組で考察せよ。下線が引かれた用語の具体的な意味等については、問いの中で説明する。

まずあなたがこれまでに経験したことのある、あるいはよく知っている事業場を1つ取り上げ、その事業場に将来甚大な被害を及ぼす可能性

のある<u>異常な自然現象</u>を1つ選ぶ。その異常な自然現象により事業場に
もたらされる可能性のある<u>被害</u>を3つ挙げ、それぞれに備えた事前の<u>対
策</u>について、既にとられている対策の現況を述べ、さらに今後追加して
とるとよいと思われる対策を1つ又は2つ挙げる。最後に、それらの追
加対策の実施の優先順位を含めた実施計画について総合技術監理の視点
から検討し、提案する。ここでいう総合技術監理の視点とは「業務全体
を俯瞰し、経済性管理、安全管理、人的資源管理、情報管理、社会環境
管理に関する総合的な分析、評価に基づいて、最適な企画、計画、実施、
対応等を行う。」立場からの視点をいう。

　論文の記述に当たっては、被害や対策が事業場にとって特徴的で、か
つその説明が専門分野外の人（例えば専門が異なる総合技術監理部門の
技術士）にも分かりやすいものであるよう留意されたい。書かれた論文
を評価する際、そのような工夫・配慮がなされているかどうかを含め、
視点の広さ、記述の明確さと論理的なつながり、そして論文全体のまと
まりを重視する。

（1）あなたがこれまで経験したことのある、あるいはよく知っている事
　　業場を1つ選び、それについて次の①～③に沿って説明せよ。ここで
　　「事業場」とは、工場、工事現場、農場、事務所、研究所、公共建築
　　物等のように、1つの場所において事業が行われている場を指し、複数
　　の区域にまたがるものは除くこととする。例えば、1つの工場、1つ
　　の支店店舗、などは事業場としてよいが、県内にあるすべての工場、
　　複数の支店店舗、といったものは事業場とはみなさない。
　　　（問い（1）については、<u>答案用紙1枚以内</u>にまとめよ。）
　　①　事業場の名称を記せ。
　　②　その事業場で行われている事業の目的及び創出している成果物
　　　（製品、構造物、サービス、技術、政策等）を記せ。
　　③　その事業場の概要を記せ。ここには問い（2）で記述する被害と
　　　対策の特徴を理解するのに必要な事項（例えば事業場の規模や特徴、
　　　現状など）を含めること。

（2）問い（1）で取り上げた事業場に対して、将来、甚大な被害を及ぼす可能性のある異常な自然現象を1つ選び、それによる主要な被害やそれらに備えた対策について、次の①、②に沿って示せ。ここでの「異常な自然現象」としては、暴風、豪雨、豪雪、洪水、高潮、地震、津波、噴火、又は台風のようにそれらが複合したもの、とする。感染症の流行は、ここでの異常な自然現象には含めない。

（問い（2）については、答案用紙を替えた上で、答案用紙3枚以内にまとめよ。）

① 取り上げる異常な自然現象を記し、そこで想定している脅威の程度を示すために、それによりもたらされることが予想される事業場の周辺地域における被害状況について記せ。

② この異常な自然現象により事業場が受ける可能性のある主要な被害を3つ挙げ、その内容を説明し、それぞれの被害の影響を軽減するための事前の備えとして、（ⅰ）既にとられている対策の現況を述べ、また（ⅱ）今後追加するとよいと思われる対策を、1つ又は2つ挙げよ。（ⅰ）では、対策は複数あってもよいし、また対策がなされていなければその理由を記せ。また（ⅱ）では、その対策の説明と効果についても記すこと。

なおここで取り上げる「被害」には、事業場が直接被る物理的な被害のみならず、より広く、事業場が受ける人的被害や業務上の被害を含んでもよいものとする。ただしそれに対する「対策」は、事業場が自主的に行うことができるものに限る。例えば大雨により近隣の河川が氾濫し工場の周辺道路が寸断され、サプライチェーンが途絶えるといったように、異常な自然現象によりインフラがダメージを受けその影響が工場の業務に大きな影響を及ぼすようなものを被害として取り上げてよい。ただし国などが行うべき道路や堤防の改修などは、ここでの工場の自主的対策には含めない。

被害にはA、B、Cのラベルを順につける。そして例えば被害Aに対する対策の現況にはA0というラベルを付し、追加する対策にはA1、A2というラベルを付す。これらの被害と対策は次の書式に

したがって示すこと。

被害・対策の書式：

　A ：○○○○…（「停電」、「床上浸水による電気設備の故障」など、1番目の被害とその説明）

　A0：○○○○…（被害Aの影響を軽減するために既にとられている対策の現況）

　A1：○○○○…（被害Aの影響を軽減するための追加の対策1及びその効果の説明）

　（A2：○○○○…（被害Aの影響を軽減するための追加の対策2及びその効果の説明））

　B ：○○○○…（2番目の被害とその説明）

　B0：○○○○…（被害Bの影響を軽減するために既にとられている対策の現況）

　　・・・

（3）将来の被害の発生に備え、事前にとっておくべき対策の実施計画を立てるに当たっては、想定した被害の発生可能性に加えて、事業場を運営する主体における予算等のさまざまな制約も踏まえて検討する必要がある。問い（2）で、「追加するとよいと思われる対策」として挙げた対策の実施の優先順位を含めた実施計画について、総合技術監理の視点から検討し、提案せよ。また、そのような優先順位とした理由も述べること。なお解答の中で被害や対策を引用するときは「A」や「A1」というラベルのみを示せばよく、「被害A：○○○」や「対策A1：○○○」などと詳しく引用する必要はない。

　　（問い（3）については、答案用紙を替えた上で、答案用紙1枚以内にまとめよ。）

【検討ポイント】

①　この問題は、どの技術部門・選択科目を専門としている受験者にも比較的事業場の設定が容易な問題といえますが、取り上げる自然災害を何にす

るかを考えてから設定することが重要です。

② 自然災害の種類を決定するためには、まず、周辺地域における被害状況とともに、事業場が受ける可能性のある主要な被害3つを何にするかを決定する必要があります。

③ 事前の備えとして、ⓐ既に取られている対策とⓑ今後追加するとよいと思われる対策の2つがありますが、それについては、最近自然災害が激甚化している点をポイントに記述内容を決める必要があります。

④ ヒントとして示されている「インフラがダメージを受け、その影響が業務に大きな影響を及ぼすものを取り上げてもよい」という点をどう生かすかも重要なポイントとなります。

⑤ 被害・対策にA、B、Cのラベルを付けるという条件をどう理解して、どう生かしていくかを考える必要があります。

⑥ 実施の優先順位に関して、5つの管理分野のどの項目をポイントとしていくのかを検討する必要があります。

　この問題は、多くの技術部門の受験者にとって事業場の設定が比較的容易に見えますが、以上のポイントを検討して事業場を決めていかなければ、途中で内容がまとまらなくなる危険性を持った問題といえます。そのため、検討の30分間でどこまで小設問の解答内容を詰められるかがポイントといえるでしょう。

(3) 令和元年度試験問題と検討ポイント

　ヒューマンエラーとは人為的過誤や失敗など、目標から逸脱した人の判断や行動を意味し、「ディペンダビリティ（総合信頼性）用語」を規定したJIS Z 8115：2019では、「人間が実施する又は省略する行為と、意図される又は要求される行為との相違」と定義している。思い込み、勘違い、不注意、慣れ、などに起因して、ヒューマンエラーが発生する可能性は業種や職種を問わず存在する。日々の業務を実施する上で、ヒューマンエラーを完全に排除することは困難であるが、ヒューマンエラーへ

の対応を誤ると重大な問題、被害が発生する危険性がある。

　そのため、総合技術監理の技術者としても、様々な事業・プロジェクトの推進や組織運営を担う上で、ヒューマンエラーを極力防止する方策の検討は重要な観点である。そこで、ヒューマンエラー発生の原因と対策について考えていくこととする。

　ここでは、あなたがこれまでに経験した、あるいはよく知っている事業又はプロジェクト（以下「事業・プロジェクト等」という。）を1つ取り上げ、その目的や創出している成果物等を踏まえ、ヒューマンエラーに関して総合技術監理の視点から以下の（1）～（2）の問いに答えよ。ここでいう総合技術監理の視点とは「業務全体を俯瞰し、経済性管理、安全管理、人的資源管理、情報管理、社会環境管理に関する総合的な分析、評価に基づいて、最適な企画、計画、実施、対応等を行う。」立場からの視点をいう。

　なお、書かれた論文を評価する際、考察における視点の広さ、記述の明確さと論理的なつながり、そして論文全体のまとまりを特に重視する。

（1）本論文においてあなたが取り上げる事業・プロジェクト等の内容と、それに関する過去に発生したヒューマンエラーの事例について、次の①～④に沿って示せ。

　　（問い（1）については、答案用紙3枚以内にまとめよ。）

①　事業・プロジェクト等の名称及び概要を記せ。

②　この事業・プロジェクト等の目的を記せ。

③　この事業・プロジェクト等が創出している成果物（製品、構造物、サービス、技術、政策等）を記せ。

④　この事業・プロジェクト等を計画段階と実施段階の2つに分け、それぞれについて実際に発生したヒューマンエラーの事例を1つずつ挙げ、それぞれ以下の4つの項目を含む形で記せ。

　　・ヒューマンエラーの内容とそれによってもたらされた影響

　　・それが発生した原因

　　・そのとき取られた対応

・その後の再発防止対策（その後における同種のヒューマンエラーの防止のため、若しくはその発生による事業・プロジェクト等への影響を軽減させるために実施された方策。）

なお、計画段階と実施段階の考え方については、例えばシステムの設計と実装のようにそれぞれ異なる工程を取り上げても良いし、あるいは例えば設計工程における現地調査と設計作業のように、単一の工程内における計画段階と実施段階を取り上げても構わない。

（2）この事業・プロジェクト等において、さらに今後発生する可能性があると思われるヒューマンエラーについて以下の問いに答えよ。
（問い（2）については、答案用紙を替えた上で、答案用紙2枚以内にまとめよ。）

（a）この事業・プロジェクト等（又は今後実施される同種の事業・プロジェクト等でも構わない。）において、さらに今後発生する可能性があり、かつ重大な影響をもたらすと思われるヒューマンエラーを1つ取り上げ、次の①～②に沿って示せ。

① 取り上げたヒューマンエラーの概略と事業・プロジェクト等への影響について記せ。

② ヒューマンエラーの発生する原因として考えられることを記せ。

（b）（a）で記したヒューマンエラーに対して、今後新たな技術や方策の導入により、その防止や影響の軽減が期待できる状況について、次の①～②に沿って記せ。導入が期待される技術や方策は複数であっても構わない。

① ヒューマンエラーの防止、若しくはその発生による事業・プロジェクト等への影響を軽減させることが期待できる新たな技術や方策を記せ。取り上げる技術や方策はより具体的なものであることが望ましい。

② ①で記述した技術や方策について、例えば技術的、組織的、経済的等の観点から、実現するために乗り越えなければならない課題や障害、若しくは実現させることのデメリットを具体的に記せ。

【検討ポイント】

① これはヒューマンエラーに関する問題で、実務経験が多い技術者であれば、実際の体験を基に記述が進められる問題ですので、事業・プロジェクト等の設定は難しくないと考えられます。

② 実際に発生したヒューマンエラーを、事業・プロジェクト等の計画段階（または設計、現地調査）と実施段階（または実装、設計作業）の2つで事例を示さなければなりませんが、これもそんなに高いハードルとはいえません。

③ 大きなポイントとなるのは、今後発生する可能性があると思われるヒューマンエラーをどう設定するかです。

④ 合わせて深く考えなければならないのが、事業・プロジェクト等への影響と発生する原因の設定です。

⑤ 上記④の設定は、「今後新たな技術や方策の導入」を何にするかを先に考えて行わなければなりませんが、それがより具体的なものであることが望ましいという条件が付いていますので、この点をどうクリアするかが重要です。

⑥ 最終的に課題や障害、または実現させることのデメリットを示していかなければなりませんが、ここで忘れてはならないのが、5つの管理分野のどの項目をポイントとしていくのかになります。

　この問題は、令和2年度および令和3年度試験の問題に比べると事業・プロジェクト等の設定は容易ですが、先々を考えないで設定すると、記述に行き詰まる危険性を持っています。また、ついつい5つの管理分野の視点で記述を進めるのを忘れてしまうような問題の流れになっていますので、常に総合技術監理部門の問題であることを意識して解答を書き進める必要があります。

おわりに

　最近の総合技術監理部門で出題されている択一式問題の内容をみると、『技術士制度における総合技術監理部門の技術体系（第2版）』（通称：青本）がなくなってからは、問題を出題する側の意識が変わってきているのがわかります。『総合技術監理キーワード集』（以下、「キーワード集」という）が毎年見直されて公表はされていますが、最新の白書などの内容から出題される問題も増えていますし、最近話題となっている「働き方改革」の影響から、労働関係法令に関する問題が出題されたり、ドローンをテーマに航空法に関する問題が出題されたりするなどの変化が見受けられます。最近では、「キーワード集」に示された事項の問題が多くなってきているとはいえ、「キーワード集」にはただキーワードが示されているだけですので、内容をすべて理解するには、時間をかけてキーワードの内容を自ら調べるという手間がかかります。そういった点で、著者が出版している『技術士第二次試験「総合技術監理部門」 標準テキスト』（以下、「総監テキスト」という）は、勉強の助けにはなると思います。この書籍は2020年度試験以前の12年間に総合技術監理部門の択一式問題で出題された内容を網羅した書籍です。ですから、青本に示された内容のすべてを復元したものではありません。逆に言うと、択一式問題の勉強をする場合には、青本を利用するより短い時間で勉強ができると思います。

　しかし、試験での対応を考えると、やはり実際の問題に目をとおしておくことは重要です。そのために、本著は「キーワード集」の項目別に実際に出題された問題を整理して、効率よく勉強できるよう配慮しています。本著の特徴はそれだけではなく、正しい記述の選択肢に関しても、できるだけ正しいという根拠を示している点です。他の書籍や雑誌では、誤った選択肢だけの解説をしているものもありますが、やはり、なぜ正しいかという根拠も知っておくことは重要です。しかしやってみると、正しいという根拠を探すのは、著者にとっては結構時間のかかる作業でした。そういった煩雑な作業は著者が担いました

ので、読者は読むだけで正しい記述の選択肢の根拠を知ることができ、その結果、内容が皆さんの頭にすんなり入っていくと著者は確信しております。そういった点で、本著を活用する際には、過去問題を解こうと考えるのではなく、通勤の交通機関の中ででも気軽に内容を読んでもらい、週末に（公社）日本技術士会のホームページに掲載してある年度別の試験問題を解答してもらうと、択一式問題に対する自分の得手不得手を確認できる勉強ができると考えております。

　このように、「総監テキスト」で基礎知識を身につけ、本著を読んでもらった後に、実際の試験問題を週末に解答してみるという手順で勉強すれば、総合技術監理部門の択一式問題は相当な点数を稼げると思います。

　一方、第6章の「記述式問題の要点」においては、総合技術監理部門の受験者が、すべての技術部門・選択科目にわたっていますので、試験問題への取組手法的な内容レベルの記載にとどまっている点はご理解ください。なお、総合技術監理部門で技術士になるためには、これまでの一般技術部門・選択科目の意識を捨てて、総合技術監理の視点で解答する姿勢が必要です。そのため、意識を変えて試験に臨むための基本的な事項を第6章では説明させていただきました。

　最後に、読者の中から多くの方が合格を勝ち取り、総合技術監理部門の技術士として、（公社）日本技術士会で開催されている継続教育等の場でお互いに研鑽を積める機会を持てることを期待しております。

2022年1月

福　田　　遵

編著者紹介——

福田　遵（ふくだ　じゅん）

技術士（総合技術監理部門、電気電子部門）

　1979年3月東京工業大学工学部電気・電子工学科卒業

　同年4月千代田化工建設(株) 入社

　2000年4月明豊ファシリティワークス(株) 入社

　2002年10月アマノ(株) 入社

　2013年4月アマノメンテナンスエンジニアリング(株) 副社長

　2021年4月福田遵技術士事務所代表

　公益社団法人日本技術士会青年技術士懇談会代表幹事、企業内技術士委員会委員、神奈川県技術士会修習委員会委員などを歴任

所属学会：日本技術士会、電気学会、電気設備学会

資格：技術士（総合技術監理部門、電気電子部門）、エネルギー管理士、監理技術者（電気、電気通信）、宅地建物取引主任者、認定ファシリティマネジャーなど

著書：『技術士第二次試験「総合技術監理部門」標準テキスト　第2版』、『例題練習で身につく技術士第二次試験論文の書き方　第6版』、『技術士第二次試験「口頭試験」受験必修ガイド　第6版』、『技術士第二次試験「電気電子部門」過去問題〈論文試験たっぷり100問〉の要点と万全対策』、『技術士第二次試験「建設部門」　過去問題〈論文試験たっぷり100問〉の要点と万全対策』、『技術士第二次試験「機械部門」　過去問題〈論文試験たっぷり100問〉の要点と万全対策』、『技術士第一次試験「基礎科目」標準テキスト　第4版』、『技術士第一次試験「適性科目」標準テキスト』、『技術士（第一次・第二次）試験「電気電子部門」受験必修テキスト　第4版』、『トコトンやさしい電線・ケーブルの本』、『トコトンやさしい電気設備の本』、『トコトンやさしい発電・送電の本』、『トコトンやさしい熱利用の本』（日刊工業新聞社）等

273

技術士第二次試験「総合技術監理部門」
択一式問題 150 選 & 論文試験対策　第 2 版　　　NDC 507.3

| 2019 年　1 月 25 日　初版 1 刷発行 |
| 2019 年　6 月 25 日　初版 2 刷発行 |
| 2022 年　1 月 20 日　第 2 版 1 刷発行 |

（定価は、カバーに
　表示してあります）

ⓒ 編著者　　福　田　　　遵
　　発行者　　井　水　治　博
　　発行所　　日 刊 工 業 新 聞 社
　　　　　東京都中央区日本橋小網町 14-1
　　　　　　　　　（郵便番号 103-8548）
　　　　電話　書 籍 編 集 部　03-5644-7490
　　　　　　　販売・管理部　03-5644-7410
　　　　　　　　　　FAX　03-5644-7400
　　　　　　　振替口座　　00190-2-186076
　　　　URL　https://pub.nikkan.co.jp/
　　　　e-mail　info@media.nikkan.co.jp

印刷・製本　美研プリンティング
組　　版　メディアクロス